# FOOD. LOVE. PARTY!

Henriette Wulff • Fotografie: Toby Wulff

# FOOD. LOVE. PARTY!

77 Rezepte für fantastische
Feste mit Family & Friends

CHRISTIAN

# Inhalt

# Vorwort

Liebe und Glück gehören zu den wenigen Dingen im Leben, die mehr werden, wenn man sie teilt. Das trifft auf Essen leider nicht ganz zu – allerdings vervielfacht sich die Freude daran, wenn man es zusammen mit der Familie und Menschen genießt, die einem am Herzen liegen. Auf Partys und Festen erlebt man Momente, die gemeinsame Erinnerungen schaffen. Und mit gutem Essen und Trinken lassen sich diese Augenblicke mit allen Sinnen auskosten.

Das Leben gemeinsam zu feiern, gehört bei uns zu Hause zur Tradition. Der Tisch ist immer reichlich gedeckt und Besuch willkommen. An Geburtstagen oder bei anderen festlichen Anlässen lassen wir es kulinarisch krachen. Bei unseren opulenten, mehrgängigen Dinnern und großzügigen Buffets biegen sich die Tische. Nach der Party wird stets herausgerollt und wer Stretchkleidung trägt, ist gut beraten. Es wird gelacht, geredet und getanzt, als gäbe es kein Morgen.

Was ist eigentlich das Geheimnis einer perfekten Party? Die Antwort: Es kommt eben nicht darauf an, dass alles perfekt ist, sondern auf das Zusammensein. Der Rest ist das Sahnehäubchen obendrauf – oder eben gutes Essen, das mit Herz und Liebe zubereitet ist.

Weil es immer einen Grund zu feiern gibt, findet ihr in diesem Kochbuch kreative Rezepte zu unterschiedlichen Anlässen, für jede Gelegenheit und Jahreszeit. Außerdem verrate ich euch Tipps & Tricks, die ich durch lebenslange Partyerfahrung gesammelt habe.

**Genießt das Leben, lasst die Korken knallen
und feiert bis zum Morgengrauen!**

Eure

Henriette

# Einleitung

**Mit meinen Tipps, Tricks & Checklisten für Location, Food, Drinks und Stimmung wird deine Party einfach grandios und unvergesslich.**

# Party is loading ...

## THE PLACE TO BE

Die Gründe zu feiern sind so vielseitig wie das Leben selbst: Geburtstage, Hochzeiten, Jubiläen, bestandene Prüfungen, Wohnungseinweihung, Abschied, Willkommen oder einfach so. Das »Warum« ist schnell klar, dann stellt sich die Frage nach dem »Wie«.

Beim **Brunch** geht die Party um die frühe Mittagszeit los und endet meist am frühen Abend. Daher ist ein Brunch ideal, wenn du nicht bis spät in die Nacht feiern möchtest, Kinder dabei sind oder am nächsten Tag der Job wartet. Allerdings musst du für die Vorbereitungen früh aufstehen oder einige Speisen schon am Vortag zubereiten.

Der **Kaffeeklatsch oder Teatime** mit Beginn am Nachmittag bietet die gleichen Vorteile wie ein Brunch und ist perfekt für eine kleinere bis mittlere Gästezahl. Die Vorbereitung kannst du bequem am Vormittag erledigen.

Extratipp: Bei mir dauert ein Brunch oder Kaffeeklatsch schon mal bis in den späten Abend. Ich halte daher immer ein paar Extraflaschen Prickelndes und einen Abendsnack parat.

Im Frühling und Sommer sind **Outdoor-Feste** genau das Richtige, wenn drinnen nicht genügend Platz für eine große Party ist. Ohne eigenen Garten sind geeignete Stellen in Parks oder Grünanlagen eine gute Alternative. Achte bei der Auswahl der richtigen Outdoor-Location darauf, dass sanitäre Einrichtungen in der Nähe sind, du niemanden störst (z. B. mit zu lauter Musik), die Natur respektierst und du deinen Müll anschließend entsorgst. Hinterlasse den Ort, wie du ihn vorgefunden hast – oder sogar ein bisschen besser.

Bei der **klassischen Party am Abend** mit »Open End« kannst du es richtig krachen lassen. Die Personenanzahl ist nur abhängig von der Größe deiner Location – entweder dein Zuhause oder eine angemietete Räumlichkeit.

Die **angemietete Räumlichkeit** bietet den Vorteil, dass du viel Platz hast, Musikanlage, Möbel oder Reinigung nicht selbst organisieren musst und du niemanden durch zu viel Krach störst. Der Nachteil sind die Kosten für Miete, Personal oder Buffet, weil du Speisen und Getränke nicht immer selbst mitbringen darfst. Manchmal wird ein sogenanntes »Korkgeld« berechnet, wenn du eigene Getränke anbietest. Damit soll der entgangene Gewinn ausgeglichen werden.

**Zu Hause** feiern ist kostengünstig und praktisch. Die private Umgebung sorgt für Stimmung und eine lockere Atmosphäre. Es bedeutet aber mehr Arbeit. Schließlich musst du alles selbst organisieren, aufbauen und nach der Party aufräumen. Ein weiterer Nachteil: Laute Musik und Partygeräusche stören vielleicht deine Nachbarschaft (siehe Extratipp auf Seite 20).

**Cocktailpartys** sind perfekt, um am Abend dezent und elegant zu feiern, z. B. mit dem Kollegium. Es gibt eine Auswahl an Häppchen und (alkoholfreien) Drinks, die im Stehen genossen werden. Die Party dauert nur wenige Stunden und ist zeitlich begrenzt. Die Vorbereitungen sind wegen der Zubereitung des Fingerfoods und der Cocktails etwas aufwendiger.

Extratipp: Vier bis fünf verschiedene (alkoholfreie) Cocktails sind bei einer Cocktailparty ausreichend. Ansonsten stehst du den ganzen Abend gestresst an der Bar. Bereite die Cocktails in größeren Mengen zu, bewahre sie im Kühlschrank auf und gib das Eis erst kurz vor dem Servieren hinzu.

Bei **Mottopartys** ist die Stimmung meistens super. Der Grund: Die außergewöhnlichen Outfits bieten Gesprächsstoff und es ist leichter, aus sich herauszugehen. Die Verkleidung und alltagsferne Atmosphäre wirken wie ein Stimmungsbooster. Bei einem unkomplizierten und einfachen Motto kann sich jeder beteiligen. Bestenfalls erschaffst du auf deiner Mottoparty eine komplett neue Welt. Dazu gehört das passende Essen, Getränke, Dekoration und Musik.

## DIE EINLADUNG

Je größer das Fest und je wichtiger das Ereignis, desto formeller die Einladung: Bei einer Spontanparty reicht ein Anruf oder eine Kurznachricht. Einladungen über soziale Netzwerke sind eher unverbindlich. Wenn du eine Feier zu einem besonderen Anlass veranstaltest, ist eine Einladung per Post oder E-Mail (bestenfalls grafisch gestaltet) sinnvoller. Sie verleiht deinem Fest den richtigen Rahmen und sorgt für Vorfreude.

Extratipp: Es gibt mittlerweile viele (kostenlose) Onlineanbieter, bei denen du (digitale) Einladungen gestalten, direkt versenden und verwalten kannst.

Verschicke deine Einladung rechtzeitig: Bei einer Hochzeit oder einem ähnlich bedeutenden Anlass können das schon mehrere Monate vor dem großen Tag sein. Bei einem Geburtstag und größeren Fest sind vier bis sechs Wochen vorher empfehlenswert. Bei einem spontanen Fest ohne Anlass reichen zwei Wochen im Voraus oder bei ganz kurzfristiger Feierlaune noch am gleichen Tag.

Ob du nun per E-Mail oder Post einlädst – folgende Infos gehören in die Einladung:

- Datum und Wochentag, Uhrzeit (Beginn und ggf. Ende)
- Adresse (mit Hinweisen zur Anfahrt)
- Anlass
- Bitte um Absage/Zusage

Und wahlweise:

- Dresscode oder Motto
- Soll etwas mitgebracht werden (Getränke, Speisen ...)?
- Besondere Programmpunkte

Frage auch danach, ob der Besuch jemanden mitbringen möchte. So stellst du sicher, dass genügend Speisen, Getränke und Platz vorhanden sind.

Falls du noch nicht weißt, wie und wo deine Party stattfindet, aber das Datum bereits feststeht (z. B. für deine Geburtstagsparty), verschicke vorab ein kurzes »Save the Date«.

# Das Drumherum

## MAN NEHME EINE HANDVOLL KONFETTI ...

Das passende Ambiente verleiht deinem Fest den angemessenen Rahmen. Hier meine sieben Tipps für eine rundherum gelungene Partydekoration:

- Ob rustikal, elegant oder quietschbunt – entscheide dich für einen bestimmten Look. So findest du leichter passende Deko-Accessoires und Inspirationen.
- Selbst gemachte Deko ist persönlicher und kostengünstiger.
- Nachhaltige Deko spart Geld und schont die Umwelt. Verwende Deko mehrmals und vermeide unnötigen Müll.
- Garniere dein Buffet und deine Getränke mit Fähnchen, Cake-Toppern und Co. und richte es liebevoll an.
- Luftballons gehen immer: Ballons selbst mit Helium (online oder im Geschäft für Partybedarf erhältlich) zu befüllen, ist günstiger als fertig befüllte Ballons. Verwende Folienballons mehrfach.
- Passe deine Deko der Jahreszeit an: Verwende im Frühling und Sommer frische Blumen, im Herbst Kürbisse oder im Winter Tannenzweige.
- Herzliches Willkommen: Dekoriere schon den Weg (Hausflur, Vorgarten ...) zu deiner Party mit Girlanden, Ballons oder Hinweisschildern – so kommt Vorfreude auf.

## LET IT SHINE!

Bei Partys setze ich mit verschiedenen Lichtquellen, Lichterketten und Kerzen stimmungsvolle Akzente. Fackeln und Lampions sorgen bei Outdoor-Partys in den Abendstunden für atmosphärisches Licht und Citronella-Kerzen verjagen lästige Mücken. Grelle Neonröhren oder Deckenbeleuchtung sind ein echter Stimmungskiller – einfach die Glühbirne austauschen oder ganz ausschalten. Übertriebenes Diskolicht, Geblinke oder Stroboskop-Effekte sind zu viel des Guten – weniger ist mehr.

## PLATZ DA – JETZT WIRD GEFEIERT!

Eine gute Party bleibt in Bewegung. Zu viele Sitzgelegenheiten drücken die Stimmung, weil jeder an seinem Platz verharrt und es schwieriger ist, ins Gespräch zu kommen. Wer schon steht, dem fällt es auch leichter zu tanzen. Eine Ausnahme bilden Feierlichkeiten mit gesetztem Essen. Wenn du zu wenige Stühle hast, leihe dir welche in der Nachbarschaft (die du dann auch einladen solltest) oder beim Partybedarf aus. Ein guter Ersatz für Stühle sind umgedrehte Bierkisten, große Kissen oder Holzpaletten.

Platz zum Tanzen ist in der kleinsten Hütte, notfalls sind ja noch die Tische da. Für die Tanzfläche rückst du die Möbel einfach zur Seite – spontan oder schon vor der Party.

# Good Food – Good Mood

Auf einer Party versammelt sich irgendwann jeder in der Küche, auch wenn die noch so klein ist. Sie ist Anlaufpunkt Nummer eins, denn hier steht meistens das Buffet (und der Kühlschrank).

Es gibt viele Gründe, für angemessene Partyverpflegung zu sorgen: Gutes Essen hebt die Stimmung, sorgt für Gesprächsstoff, macht glücklich und ist geteilte Freude. Ein liebloses Buffet aus pappigen Chips, Fertigprodukten und welken Salatblättern muss nicht sein. So wird dein Buffet garantiert ein echter Knaller:

## DIE MISCHUNG MACHT'S!

Stelle dein Buffet nach einem Motto, z. B. nach Ländern, Jahrzehnten, Jahreszeiten, Anlässen oder einfach ganz nach deinem Geschmack, zusammen. Auf einem gelungenen Buffettisch ist für jeden Geschmack etwas dabei und die Speisen lassen sich gut miteinander kombinieren:

- Salate, z. B. leichte Blatt- und Gemüsesalate und reichhaltige Beilagensalate mit Kartoffeln, Nudeln, Couscous oder Hülsenfrüchten
- Fleisch, Fisch und Vegetarisches, z. B. aufgeschnittener Braten, Lachshäppchen, Fleischbällchen, Veggie-Bratlinge
- Einfache Beilagen (nur bei warmen Buffets): Nudeln, Reis, Knödel, Couscous
- Quiches, Tartes und herzhaftes Gebäck
- Desserts, Obstsalat, süßes Gebäck (z. B. Muffins, Törtchen) und Kuchen
- Mitternachtssuppe oder Late-Night-Snacks

Für das Grundrauschen:

- Brotauswahl, z. B. Baguette, Brötchen, Ciabatta, Fladenbrot, Vollkornbrot
- Eingelegtes wie Oliven, Paprika, Artischocken, Gurken
- Käseplatte mit Weich-, Hart-, Schnitt-, Edelpilz- und Frischkäse
- Wurst- und Schinkenplatte, z. B. mit Salami, Serranoschinken, Schwarzwälder Schinken, Geflügelaufschnitt
- Dips und Aufstriche, z. B. Butter, Ajvar, Hummus, Guacamole
- Obst, z. B. Weintrauben, Beeren, Melone

**Extratipp:** Schreibe ein Buffetmenü oder kleine Infoschilder, die du in die Speisen steckst oder davorstellst. Vermerke außerdem, ob ein Gericht vegetarisch oder vegan ist.

Snacks wie Nüsse, Chips und Cracker stellst du überall verteilt in kleinen Schüsseln auf. Lege einen kleinen Löffel oder eine Servierzange dazu, das ist hygienischer. Bevor das Buffet eröffnet ist, biete nicht zu viele Snacks an, damit sich die Leute nicht daran satt essen. Die Snacks zu späterer Stunde nachfüllen.

Serviere bei einem Kaffeeklatsch eine Auswahl an »mächtigeren« Kuchen oder Torten mit Schokolade, Karamell oder Sahne und leichteren Obstkuchen. Übrigens: Käsekuchen geht irgendwie immer – damit liegst du meistens richtig. Biete außerdem eine herzhafte Alternative wie Quiche oder Sandwiches an. Dazu stellst du noch allerlei Kleinigkeiten wie Cookies, Obst und Pralinen auf den Tisch.

**Extratipp:** Bereite lieber etwas mehr von einem Gericht zu anstatt mehrere verschiedene Kleinigkeiten. Achte darauf, dass Speisen dabei sind, die du schon am Vortag zubereiten kannst. So wird's entspannter.

Exakte Verzehrmengen für ein Buffet anzugeben, ist schwierig, weil es auf die einzelnen Speisen, die geladenen Personen, Tageszeit und Temperaturen ankommt. Ist es heiß, wird weniger gegessen als bei kaltem Wetter. Auch die Dauer der Party ist für die Mengen entscheidend – je länger es geht, desto mehr wird gegessen.

Meine wortwörtliche Faustregel hilft dir bei der Planung. Die Menge entspricht dabei der Größe einer Faust bzw. Handgröße der jeweiligen Person – also große Faust gleich große Portion und kleine Faust gleich kleine Portion:

## BRUNCH & BUFFET

- Leichter Salat, Gemüse oder Suppe – zwei Fäuste
- Blattsalat – eine Handvoll
- Fleisch, Fisch oder Vegetarisches (kalt oder warm) – eine Handfläche oder Faust, bei Fleisch mit Knochen etwas mehr berechnen
- Beilagen wie Reis, Kartoffeln oder Nudeln (auch als reichhaltiger Salat) – eine Handvoll
- Quiches, Tartes, herzhaftes Gebäck – eine Handfläche
- Dessert – zwei Fäuste
- Käse und Wurst, Eingelegtes, Dips – insgesamt eine Handvoll
- Brot – eine Faust oder eine Handfläche

### KAFFEEKLATSCH & TEATIME

- Kuchen, Torten oder süßes Gebäck, z. B. Muffins – zwei Handflächen oder Fäuste
- Herzhaftes Gebäck, z. B. Quiche – zwei Handflächen oder Fäuste
- Kekse oder Kleingebäck, z. B. Cookies – eine Handvoll

Für einen Cocktailempfang rechne zwei Handvoll Häppchen pro Person als kleiner Snack und die doppelte Menge zum Sattessen. Bereite außerdem so viele Häppchen zu, dass jede Person mindestens zwei Stück pro Sorte bekommt. Achte außerdem auf eine abwechslungsreiche Auswahl, sodass für jeden etwas dabei ist.

Im Zweifel biete lieber etwas zu viel Essen an als zu wenig. Bei mir ist noch niemand hungrig nach Hause gegangen. Die Reste gebe ich meinem Besuch einfach mit. Gerade nach einer wilden Partynacht freut man sich am nächsten Tag über ein reichhaltiges Frühstück oder Abendessen. Ich halte dafür immer ein paar Gefäße zum Mitnehmen bereit.

**Extratipp:** Engagiere in deinem Freundeskreis »Schnibbelhilfen«. So macht die Vorbereitung viel mehr Spaß und wird zur Party vor der Party!

**Extratipp:** Plane unbedingt einen Mitternachtssnack bei Partys mit Open End ein. Schlappmachen gilt nicht! Perfekt dafür sind deftige Suppen, Chili con/sin Carne oder Eintöpfe. Eine köstliche Mitternachtssuppe findest du auf Seite 90.

### IN DER KÜHLTRUHE LIEGT DIE KRAFT

Beim Partyeinkauf sind ein Plan und gutes Timing entscheidend. Kaufe deine Lebensmittel und Getränke in Etappen ein, bestelle spezielle Waren oder größere Mengen im Geschäft vor und überlege dir vorher genau, wo du einkaufen möchtest. So bleibst du tiefenentspannt:

- Zwei Wochen vorher: Dekoration, Accessoires
- Eine Woche vorher: Getränke, Haltbares und Trockenprodukte, z. B. Tiefkühlprodukte, Konserven, Mehl, Nudeln, Kaffee, Zucker
- Ein bis drei Tage vorher: Frischware, z. B. Gemüse, Käse, Wurst, abgepacktes Fleisch, Milchprodukte
- Am Partytag: sehr leicht Verderbliches, z. B. Hackfleisch, Fisch, frische Kräuter, Blattsalate, Brot

**Extratipp:** Eine exakte Einkaufliste, nach Warengruppen und Geschäften sortiert, spart Zeit und schont die Nerven.

## Hoch die Tassen!

Für eine gelungene Party sind die Getränke genauso wichtig wie gutes Essen. Die allererste Regel: Der Brunnen darf niemals versiegen. Halte ausreichend Getränke auf Lager – immer ein bisschen mehr, als du eigentlich brauchst. Viele Geschäfte bieten einen Getränkekauf auf Kommission an, bei dem du nur Ware bezahlst, die tatsächlich verbraucht wurde.

### GETRÄNKE-CHECKLISTE FÜR DEINE PARTY

- Verschiedene Weine (rot, weiß, im Sommer auch rosé)
- Prickelndes wie Sekt, Prosecco, Crémant oder Champagner
- Bier (in Glasflaschen oder vom Fass)
- Spirituosen (pur und zum Mischen)
- Wasser (mit und ohne Kohlensäure)
- Softdrinks und Limos (auch zuckerfreie Sorten)
- Säfte (Orange, Apfel)
- Tee, Kaffee, Kakao, Milch, pflanzliche Milch (Brunch & Kaffeeklatsch)

**Extratipp:** Selbst gemachte Limonade, Punsch oder Cocktails sind ein besonderes Highlight für deine Party. Einfaches Leitungswasser peppst du mit Zitrusfrüchten, Gewürzen, Kräutern und Obst auf. Leckere Kombinationen sind z. B. Rosmarin-Erdbeere, Minze-Gurke, Orange-Zimt oder Limette-Basilikum.

Großzügig und auf Nummer sicher empfehle ich folgende Mengen pro Person:

- Insgesamt 1,5 l alkoholfreie Getränke, Wasser & Saft
- 1 l Wein, Sekt & Co.
- Fünf Flaschen Bier
- 150 ml Spirituosen
- 500 ml Kaffee oder Tee (Brunch & Kaffeeklatsch)

Passe die Mengen auf dieser Liste danach an, was bevorzugt und wie viel Alkohol auf deiner Party getrunken wird: Bei einem Brunch sind es eher Kaffee und ein bis zwei Gläser Sekt, bei einer Party am Nachmittag oder mit vielen Kindern mehr alkoholfreie Getränke und im Sommer mehr Wasser als im Winter. Wenn du dir unsicher bist, gibt es im Internet kostenlose Tools zum Ausrechnen des Getränkebedarfs. Biete auch bei einer Mitbringparty eine Auswahl von Getränken an, damit die Menge in jedem Fall ausreicht.

MEINS
DEINS

## IMMER COOL BLEIBEN

Schaffe rechtzeitig Platz im Kühlschrank oder befülle deine Badewanne mit eiskaltem Wasser, um die Getränke zu kühlen. Im Sommer sind große Zinkwannen mit Eiswürfeln, Thermoskannen oder Kühltaschen praktische Kühlmöglichkeiten. Große Mengen Eiswürfel oder Crushed Ice sind im Supermarkt oder bei Tankstellen erhältlich. Gefrorene Beeren, Obststücke und unbehandelte Zitrusfruchtscheiben eignen sich gut zur Getränkekühlung und sehen dekorativ aus.

**Extratipp:** Für eine sichere Heimfahrt die Nummern bzw. App vom Taxi- oder Fahrdienst und Fahrpläne von öffentlichen Verkehrsmitteln bereithalten.

## ALLE TASSEN IM SCHRANK?!

Teller und Besteck platzierst du direkt neben dem Buffet. Die Gläser stellst du neben die Bar oder die Getränke. Plane bei jedem Teil die doppelte Menge ein, damit du nicht zwischendurch abspülen musst. Besitzt du nicht ausreichend Geschirr, leihe es dir im Freundeskreis oder bei professionellen Partydienstleistern aus. Entscheide dich bei Einweggeschirr für möglichst nachhaltige Varianten. Für alle Speisen auf dem Buffet benötigst du passende Schüsseln, Platten und Servierbesteck.

## CHECKLISTE FÜR GESCHIRR, BESTECK, GLÄSER & CO.

- Teller für Vor- und Hauptspeisen
- Kuchen- und Dessertteller oder kleine Schälchen
- Suppenschüsseln
- Gabeln, Messer, Suppenlöffel
- Kleine Löffel und Gabeln für Dessert und Kuchen
- Servier- und Salatbesteck
- Brotmesser, Käsemesser, Buttermesser
- Schüsseln, Bretter, Körbe und Platten zum Servieren
- Speisenwärmer (Chafing Dish)
- Gläser für Wasser und Softdrinks
- Longdrink- und Cocktailgläser
- Biergläser
- Rot- und Weißweingläser
- Schnapsgläser
- Sektgläser, Champagnerschalen
- Servietten
- Strohhalme
- Pfeffer- und Salzstreuer oder Mühlen

**Extratipp:** Markiere oder beschrifte die Gläser, damit sie nicht verwechselt werden und um Abwasch zu sparen. Das geht super mit Washi-Tape. Es ist leicht abzulösen, günstig und dekorativ.

## EXTRAS FÜR KAFFEEKLATSCH & BRUNCH

- Tee- und Kaffeetassen, Becher
- Kaffee- und Teekanne
- Tortenheber
- Tortenplatte
- Zuckerdose und Milchkännchen
- Eierbecher und Eierlöffel
- Brotkorb

## EXTRAS FÜR OUTDOOR-PARTYS

- Kühltasche oder -box, Kühlelemente
- Picknickkorb
- Aufbewahrungsgefäße, Dosen, Schraubgläser
- Unzerbrechliche Gläser
- Tüten oder Kisten für schmutziges Geschirr und Müll
- Grill, Grillbesteck, Kohle, Grillanzünder
- Thermoskannen
- Decken, Klappstühle, Kissen
- Transportgeeignete Kisten, Taschen und Körbe
- Insekten- und Sonnenschutz

**Extratipp:** Papier-Muffinförmchen sind echte Outdoor-Allrounder: Sie schützen Getränke vor Insekten, dienen als Tropfenfänger für schmelzendes Stieleis und als Mini-Teller für Snacks und Fingerfood.

## Jubel, Trubel, Heiterkeit

Mein Erfolgsrezept für ein unvergessliches Fest: Amüsiere dich auf deiner Party, als wärst du selbst eingeladen. Erwarte nicht, dass alles nach Plan läuft. Sei nicht traurig, wenn jemand nicht kommt, sondern freue dich über die Menschen, die da sind. Benutzte Teller, Gläser und leere Flaschen können ruhig stehen bleiben. Genieße den Moment! Und falls etwas schiefgeht, mach dich nicht verrückt. Die unerwarteten und komischen Situationen bleiben in Erinnerung und bringen dich noch in vielen Jahren zum Lachen.

### KOMMEN SE REIN – HIER KÖNNEN SE RAUSGUCKEN

Gute Stimmung fängt schon an der Haustür an! Zeige deinem Besuch einen Platz für die Garderobe. Sind dafür im Flur nicht ausreichend Möglichkeiten vorhanden, ist das Bett (mit Überdecke) eine super Ablagefläche für Mäntel, Taschen und Jacken. Für mitgebrachte Blumen halte schon ein paar Vasen bereit. Stelle jeden kurz mit Namen vor und biete ein Getränk an.

Widme deinem Besuch Aufmerksamkeit, sei herzlich, nimm dir Zeit für Gespräche und gib jedem das Gefühl, willkommen zu sein. Kennen sich die Leute auf deiner Party noch nicht so gut oder sind neue Gesichter dabei, erwähne bei der Vorstellung kurz gemeinsame Interessen oder erzähle, wie ihr euch kennengelernt habt. Das sorgt gleich für Gesprächsstoff und Anknüpfungspunkte. Party- und Kennenlernspiele wirken oft gezwungen und haben den gegenteiligen Effekt.

### HIER SPIELT DIE MUSIK

Ganz einfach: Ohne Musik keine Party. Welche Musik dabei gespielt wird, ist Geschmackssache. Ich stelle schon vor der Party eine Playlist zusammen und mache mir Gedanken darüber, welche Songs zum Anlass passen. Für Musikwünsche bin ich immer offen. Soll auf deiner Party getanzt werden, fang am besten selbst damit an!

Extratipp: Verteile schon vorab ein kleines Geschenk (Süßigkeiten, Sektfläschchen, Blumen) an deine Nachbarschaft, bitte um Nachsicht für eventuelle Störungen oder lade sie gleich mit ein. Auch ein freundlicher und charmant formulierter Aushang im Hausflur hilft, den nachbarschaftlichen Frieden zu wahren.

### UND TSCHÜSS …

Versüße deinem Besuch den Abschied mit einem kleinen Geschenk. Das muss nicht teuer sein – ein kleines Glas mit selbst gemachter Konfitüre kommt genauso von Herzen wie ein Wegbier für unterwegs. Ein paar Tage nach der Party verschicke ich gerne eine persönliche Nachricht, um mich für die Anwesenheit, Geschenke, Hilfe beim Aufräumen oder schöne Gespräche zu bedanken.

## Eine saubere Sache

Nachdem die letzten Leute gegangen sind, nutze die positive Party-Energie und räume noch am gleichen Abend (auch wenn schon der Morgen graut) benutzte Teller, Gläser, Essensreste und Müll weg. Lüfte gut durch, stelle die Spülmaschine an und weiche eingetrocknetes Geschirr ein. Die Reste vom Buffet kommen direkt in den Kühlschank, damit sie nicht verderben. So genießt du den nächsten Tag entspannt und gemütlich mit einem schönen Frühstück (siehe Kapitel »Der Morgen danach …« ab Seite 160).

## Wie du mir, so ich dir

Als leidenschaftliche Gastgeberin freue ich mich natürlich genauso darüber, wenn ich auf einem Fest eingeladen bin. So trage ich zu einem gelungenen Fest bei:

1. Bei kleineren Festen oder gesetztem Essen unbedingt pünktlich erscheinen. Bei größeren Partys Verspätungen vermeiden.
2. Rechtzeitig absagen und bei kurzfristigen Verhinderungen so bald wie möglich Bescheid geben.
3. Den Dresscode respektieren.
4. Ein kleines Gastgeschenk, wie Blumen, Leckereien oder ein Buch, als Dankeschön mitbringen.
5. Hilfe anbieten, z. B. Getränkenachschub aus der Küche holen.
6. Für Stimmung, gute Laune und Gespräche sorgen.
7. Rechtzeitig Begleitpersonen ankündigen.
8. Nach der Party eine »Dankeschön«-Nachricht schicken.
9. Zurück einladen! Wenn keine Party ansteht, einfach zum Essen oder zu Kaffee und Kuchen.

# Party hard

# Brunch harder

**Echte Party Animals lassen es schon morgens krachen. Mit meinen süßen und herzhaften Rezepten geht über dem Brunch-Buffet die Sonne auf.**

# Schwedische Sause

## SMÖRGÅSTÅRTA MIT RÄUCHERLACHS, KRABBEN & EI

Klotzen statt kleckern ist das Motto der Smörgåstårta. Die Sandwichtorte wird in Schweden bei festlichen Anlässen serviert. Wichtig ist bei der Smörgåstårta eine eindrucksvolle Garnitur. Die Smörgåstårta gibt es in vielen unterschiedlichen Varianten.

ZUTATEN FÜR 1 TORTE

### ZUTATEN

- 1 unbehandelte Zitrone
- 1,5 kg Doppelrahmfrischkäse
- 100 g Mayonnaise
- 200 g Räucherlachs
- 20 g frischer Dill
- 1 TL Tafelmeerrettich
- Salz, frisch gemahlener schwarzer Pfeffer
- 1 Frühlingszwiebel
- 200 g gegarte Nordseekrabben (Kühlregal)
- 4 hart gekochte Eier
- 1 Beet Gartenkresse
- 1 TL grober Dijonsenf
- 20 große Scheiben Vollkorn-Sandwichtoast

### FÜR DIE GARNITUR

- 6 hart gekochte Wachteleier
- 4–6 Mini-Gurken
- 5 Radieschen
- 1 Frühlingszwiebel
- 100 g gegarte Partygarnelen (Kühlregal)
- 1 Beet Gartenkresse
- 1–2 EL frische Dillspitzen
- 1 TL rosa Pfefferbeeren

### AUSSERDEM

- Springformring (26 cm Durchmesser)

**Vorbereitung:** Frischkäsecremes für die Füllung am Vortag zubereiten (kalt stellen). Die Kräuter am nächsten Tag frisch unterrühren.

Tipp: Für eine einfache Version die Torte nur mit einer oder zwei Füllungen zubereiten. Dafür die entsprechenden Zutatenmengen erhöhen.

### ZUBEREITUNG

Die Schale der Zitrone abreiben und den Saft auspressen. Den Doppelrahmfrischkäse mit dem Zitronenschalenabrieb, der Mayonnaise und 1 TL Zitronensaft verrühren. Von der Masse eine Portion mit 600 g abteilen. Diese Portion zum Einstreichen der Torte beiseitestellen. Die restliche Masse in drei gleich große Portionen aufteilen.

Den Räucherlachs fein hacken. Den Dill ebenfalls fein hacken. Den Lachs mit einer kleinen Portion Frischkäsemasse, Dill und Tafelmeerrettich vermengen. Die Masse mit Salz und Pfeffer abschmecken und kalt stellen.

Die Frühlingszwiebel fein hacken. Mit den Krabben und einer weiteren kleinen Portion der Frischkäsemasse vermengen. Die Masse mit Salz und Pfeffer abschmecken und kalt stellen.

Die Eier pellen und fein hacken. Die Kresse ebenfalls fein hacken. Die Eier, Kresse und Senf mit einer weiteren kleinen Portion Frischkäsemasse vermengen. Die Masse mit Salz und Pfeffer abschmecken und kalt stellen.

Den Springformring (ohne Boden) auf einen großen Teller legen. Den Ring mit einer Schicht Toastbrotscheiben auslegen – dafür die Toastbrotscheiben zurechtschneiden, damit sie in die Form passen. Die Lachsmasse gleichmäßig auf der Toastbrotschicht verstreichen. Eine weitere Schicht Toastbrotscheiben darauflegen. Nun die Eiermasse auf der zweiten Toastbrotschicht verstreichen. Eine weitere Schicht Toastbrotscheiben darauflegen. Nun die Krabbenmasse auf der dritten Toastbrotschicht verstreichen und die Torte mit einer letzten Toastbrotschicht abschließen. Die Torte in den Kühlschrank stellen und die Garnitur vorbereiten.

Für die Garnitur die Wachteleier pellen und längs halbieren. Die Mini-Gurken längs mit einem Sparschäler in Streifen schneiden. Die Radieschen in Scheiben schneiden. Die Frühlingszwiebel putzen und in feine Röllchen schneiden.

Die Torte aus dem Kühlschrank nehmen und mit einem Messer am Innenrand des Springformrings entlangschneiden, um den Tortenrand zu lösen. Die Torte rundherum mit der restlichen Frischkäseportion (600 g) einstreichen.

Vor dem Servieren die Torte mit Garnelen, Wachteleiern, Gurkenstreifen, Radieschenscheiben, Frühlingszwiebelröllchen, Kresse, Dillspitzen und rosa Pfefferbeeren garnieren.

# Kimchi-Quiche

## MIT PAK CHOI & BRIE

**Quiches sind perfekt zum Brunch und schmecken warm oder kalt. Die würzige Füllung aus Kimchi, Pak Choi und Brie ist ein echtes Highlight – vor allem in Kombination mit dem knusprig-buttrigen Mürbeteigboden, der mit Sesam und geröstetem Sesamöl verfeinert ist.**

ZUTATEN FÜR 1 QUICHE

### ZUTATEN FÜR DEN TEIG

130 g kalte Butter
300 g Mehl (Type 405)
1 Ei
2 EL geröstete helle Sesamsamen
2 TL geröstetes Sesamöl
½ TL Salz
500 g Reis, Erbsen oder Bohnen zum Blindbacken

### FÜR DEN BELAG

300 g Pak Choi (möglichst klein)
2 Frühlingszwiebeln
200 g Kimchi
4 Eier
200 g Schmand
2 TL geröstetes Sesamöl
Salz, frisch gemahlener schwarzer Pfeffer
200 g Brie
1 EL geröstete helle Sesamsamen
1 TL schwarze Sesamsamen
2–3 Prisen Chiliflocken

### AUSSERDEM

Springform (26 cm Durchmesser), Backpapier

**Vorbereitung:** Die Quiche am Vortag zubereiten (kalt stellen) und am nächsten Tag aufwärmen oder kalt servieren.

Tipp: Kimchi, ein koreanisches, eingelegtes Kohlgemüse, ist in asiatischen Supermärkten oder im Onlinehandel erhältlich.

### ZUBEREITUNG

Für den Teig die Butter in kleine Würfel schneiden und zusammen mit dem Mehl, Ei, Sesamsamen, Sesamöl und Salz in eine Schüssel geben. Mit den Händen zu einem glatten Teig verkneten. Den Teig etwa 30 Minuten kalt stellen.

Den Backofen auf 200 °C (Umluft) vorheizen. Den Boden der Springform mit Backpapier auslegen.

Den Teig zu einem Kreis mit 33–34 cm Durchmesser ausrollen. Den Teig auf den Boden der Springform legen. Aus dem überstehenden Teig einen Rand formen. Ein Stück Backpapier auf den Teig legen und die Erbsen (Reis oder Bohnen) auf den Teig geben. Den Teigboden auf der mittleren Schiene etwa 15 Minuten backen. Den Teigboden aus dem Backofen nehmen und die Erbsen (Reis oder Bohnen) mit dem Backpapier entfernen. Die Erbsen (Reis oder Bohnen) können zum Blindbacken wiederverwendet werden.

Während der Boden backt, den Belag vorbereiten. Dafür den Pak Choi längs halbieren. Die Frühlingszwiebeln in Ringe schneiden. Das Kimchi grob hacken. Die Eier mit einer Gabel verquirlen, mit dem Schmand und Sesamöl vermengen und mit Salz und Pfeffer abschmecken. Den Brie in 2–3 cm dicke Scheiben schneiden.

Die Eier-Schmand-Mischung auf den gebackenen Teigboden geben. Die Hälfte des Kimchis, des Bries und der Frühlingszwiebeln daraufgeben. Dann den Pak Choi mit der Schnittfläche nach oben darauflegen. Restliches Kimchi, Brie und Frühlingszwiebeln zwischen und auf dem Pak Choi verteilen. Die Quiche 40–45 Minuten auf mittlerer Schiene backen.

Die Quiche vor dem Servieren mit Chiliflocken und Sesamsamen garnieren.

# Brownie-Kaiserschmarren

## MIT ERDNÜSSEN & KARAMELLSAUCE

ZUTATEN FÜR 4 PORTIONEN

Warum zwischen Brownie und Kaiserschmarren entscheiden, wenn beides geht?! Diese Köstlichkeit vereint zwei Desserts und wird mit gerösteten, gesalzenen Erdnüssen und einer selbst gemachten Karamellsauce gekrönt.

### ZUTATEN FÜR DIE KARAMELLSAUCE

4 EL Zucker
200 g Schlagsahne
1 Prise Salz

### FÜR DEN KAISERSCHMARREN

150 g Zartbitter-Kuvertüre
4 Eier
80 g Zucker
1 Päckchen Bourbon-Vanillezucker
250 ml Milch
1 Prise Salz
¼ TL Zimt
250 g Mehl (Type 405)
1 gestrichener TL Backpulver
1 EL Butterschmalz
1 EL Puderzucker
80 g geröstete gesalzene Erdnusskerne

### AUSSERDEM

Handrührgerät

**Vorbereitung:** Die Karamellsauce 1–2 Tage vorher zubereiten (kalt stellen). Der Kaiserschmarren schmeckt frisch am besten.

Tipp: Wenn du wenig Zeit hast, einfach fertige Karamellsauce zum Schmarren reichen.

## ZUBEREITUNG

### ZUBEREITUNG KARAMELLSAUCE

Für die Karamellsauce den Zucker in eine Pfanne geben und bei mittlerer Temperatur karamellisieren. Die Sahne und Salz hinzugeben und alles 5 Minuten bei mittlerer Temperatur leicht köcheln lassen. Dabei immer wieder umrühren. Die Sauce abkühlen lassen.

### ZUBEREITUNG KAISERSCHMARREN

Die Kuvertüre in kleine Stücke schneiden und über einem heißen Wasserbad in einer Metallschüssel schmelzen. Die Schokolade lauwarm abkühlen lassen.

Die Eier trennen. Das Eigelb mit dem Zucker, Bourbon-Vanillezucker und geschmolzener Schokolade mit einem Handrührgerät verquirlen. Dann die Milch, Salz und Zimt unterrühren. Mehl mit Backpulver vermengen. Portionsweise zur Eier-Schoko-Milch geben und verrühren, bis ein gleichmäßiger Teig entstanden ist. Den Teig 10 Minuten quellen lassen. Währenddessen das Eiweiß in einer Schüssel steif schlagen. Nach dem Quellen das Eiweiß vorsichtig unter den Teig heben. Dabei zuerst ein Drittel des Eischnees unterheben und die Masse angleichen. Dann den restlichen Eischnee unterheben.

Butterschmalz in einer großen Pfanne erhitzen. Den Teig hineingeben und bei mittlerer Hitze stocken lassen, bis am Boden eine leicht gebräunte Kruste entstanden ist. Nun den Teig mit dem Pfannenwender in Stücke zerteilen und wenden, wiederholen, bis der Teig nicht mehr glänzt. Das dauert etwa 8–10 Minuten. Puderzucker über den Schmarren streuen und 1 Minute karamellisieren lassen.

Erdnüsse hacken. Den Schmarren vor dem Servieren mit den gehackten Erdnüssen bestreuen und die Karamellsauce dazu servieren.

# Blüten-Fougasse

## MIT ZITRONE & ROSMARIN

ZUTATEN FÜR 1 BROT

**Fougasse ist eine Brotspezialität aus der Provence. Sie ist einfach zubereitet und macht dennoch was her. Ich verfeinere meine Fougasse mit getrockneten Blüten, Zitrone und Rosmarin. Sie duftet herrlich und schmeckt mit Ziegenkäse, Schinken, Konfitüre oder Butter.**

### ZUTATEN

1 unbehandelte Zitrone

500 g Mehl (Type 405) plus etwas mehr zum Bearbeiten

1 Päckchen Trockenhefe (7 g)

1 gestrichener TL Salz

1 gestrichener TL Zucker

50 ml Olivenöl plus 2 EL zum Bestreichen

2 EL fein gehackter Rosmarin

2 EL essbare, getrocknete Blütenblätter

1–2 Prisen grobes Meersalz

### AUSSERDEM

Backblech, Backpapier

**Vorbereitung:** Die Fougasse schmeckt frisch gebacken am besten.

**Tipp:** Alternativ die Fougasse wahlweise mit Orangenschalenabrieb, Oliven, Thymian, Chiliflocken, Zwiebeln, Schinkenwürfeln oder getrockneten Tomaten verfeinern.

### ZUBEREITUNG

Die Schale der Zitrone abreiben. Das Mehl mit der Hefe, Salz, Zucker, 50 ml Olivenöl, Rosmarin, getrockneten Blüten, Zitronenschalenabrieb und 250 ml lauwarmem Wasser in eine Schüssel geben. Alles gut mit den Händen verkneten, bis ein gleichmäßiger Teig entstanden ist. Den Teig mindestens 1 Stunde abgedeckt an einem warmen Ort gehen lassen.

Den Backofen auf 200 °C (Umluft) vorheizen. Ein Backblech mit Backpapier auslegen.

Den Teig mit den Händen auf einer bemehlten Arbeitsfläche zu einem Fladen in Blattform von etwa 35 × 25 cm formen. Den Teigfladen auf das Backblech legen. Gleichmäßig mit 2 EL Olivenöl einstreichen, mit einem Messer sieben Mal längs in den Fladen schneiden, die Schlitze mit den Fingern auseinanderziehen und das Brot mit Meersalz bestreuen.

Die Fougasse auf mittlerer Schiene etwa 30 Minuten goldgelb backen.

# Cremig-cooler Coffee Shake

ZUTATEN FÜR 4–6 GLÄSER

**Nicht gebrüht, sondern gemixt! Für den Shake alle Zutaten in den Mixer geben und los geht's! Mit nur wenigen Zutaten entsteht so im Handumdrehen ein köstlich-cremiger und erfrischender Wachmacher. Für den Extrakick den Coffee Shake mit Zimt, Kardamom oder Vanilleextrakt verfeinern.**

**ZUTATEN**

300 ml kalte Milch
300 g Eiswürfel
150 g gesüßte Kondensmilch
2 EL Instant-Kaffeepulver

**AUSSERDEM**

Standmixer

**Tipp:** Muffinbleche eignen sich hervorragend als Serviertabletts für Getränke, Snacks oder Süßigkeiten.

## ZUBEREITUNG

Alle Zutaten in einen Standmixer geben und bei höchster Stufe etwa 1 Minute mixen, bis eine cremige Konsistenz entstanden ist.

Den Coffee Shake in Gläser füllen und sofort servieren.

# Hummus-Monkeybread MIT DUKKAH

ZUTATEN FÜR 1 BROT UND DIP

**Monkeybread ist perfekt zum Teilen, weil sich jeder einfach ein Stück abzupfen kann. Meine herzhafte Variante ist mit Dukkah verfeinert, einer ägyptischen Gewürzmischung aus Nüssen, Sesam, Kreuzkümmel und Koriander. Im Inneren verbirgt sich eine cremige Füllung aus Hummus. Dazu gibt es einen Dip aus Joghurt und Schafskäse.**

## ZUTATEN

### FÜR DEN TEIG

1 Päckchen Trockenhefe (7 g)
600 g Mehl (Type 405)
300 ml lauwarme Milch
50 ml Olivenöl
1 TL Salz
1 TL Zucker

### FÜR DAS DUKKAH-GEWÜRZ

1 unbehandelte Zitrone
100 g Haselnüsse
3 gehäufte EL helle Sesamsamen
2 gehäufte TL Kreuzkümmelsamen
2 gehäufte TL Koriandersamen
2 gehäufte TL Fenchelsamen
2 gehäufte TL Schwarzkümmelsamen
½ TL Chiliflocken (ohne Kerne)
½ TL schwarze Pfefferkörner
½ TL grobes Meersalz
130 ml Olivenöl

**Vorbereitung:** Das Dukkah-Gewürz und den Hummus kannst du am Vortag zubereiten. Dann bis zur Verwendung im Kühlschrank aufbewahren.

Tipp: Für die schnelle Variante fertigen Hummus verwenden, den es im Supermarkt oder Feinkostgeschäft gibt.

## ZUBEREITUNG

### ZUBEREITUNG TEIG

Für den Teig die Hefe mit dem Mehl vermischen. Lauwarme Milch, 50 ml Olivenöl, Salz und Zucker zum Mehl in die Schüssel geben. Alles gut mit den Händen verkneten, bis ein gleichmäßiger Teig entstanden ist. Den Teig mindestens 1 Stunde abgedeckt an einem warmen Ort gehen lassen.

### ZUBEREITUNG DUKKAH-GEWÜRZ

Für das Dukkah-Gewürz die Schale der Zitrone abreiben. Die Haselnüsse fein hacken und in einer Pfanne bei mittlerer Temperatur anrösten, bis sie leicht gebräunt sind. Die Nüsse aus der Pfanne nehmen und beiseitestellen. Den Sesam, Kreuzkümmel, Koriander, Fenchel, Schwarzkümmel, Chiliflocken und Pfeffer in die Pfanne geben und so lange bei mittlerer Temperatur anrösten, bis die Gewürze anfangen zu duften. Die Gewürze zusammen mit dem Salz in einen Mörser geben und fein zerstoßen. Alternativ kann man die Gewürze auch mit einer elektrischen Kaffeemühle mahlen. Die Gewürze mit den Nüssen, Zitronenschalenabrieb und Olivenöl vermengen.

### ZUBEREITUNG HUMMUS

Für den Hummus die Kichererbsen gut abtropfen lassen und in eine Schüssel geben. Die Knoblauchzehe abziehen und grob reiben. Knoblauch, Kreuzkümmel, Tahini, Olivenöl und Zitronensaft zu den Kichererbsen geben. Alles mit einem Stabmixer fein pürieren. Hummus mit Salz und Pfeffer abschmecken.

### ZUBEREITUNG MONKEYBREAD

Den Backofen auf 180 °C (Umluft) vorheizen. Das ofenfeste Schälchen in die Mitte der Springform stellen.

Aus dem Teig 30 Bällchen formen. Sie sollten etwa die Größe eines Golfballs haben. Die Teigbällchen in der Hand zu einem Fladen flach drücken und 1 TL Hummus hineingeben. Den Teigfladen gut verschließen und wieder zu einem Bällchen formen. Dann jedes Teigbällchen rundherum in die Dukkah-Mischung tauchen.

**FÜR DEN HUMMUS**

1 große Dose Kichererbsen (Abtropfgewicht etwa 480 g)

1 Knoblauchzehe

1 TL gemahlener Kreuzkümmel

1 EL Tahini (Sesampaste)

50 ml Olivenöl

2 TL Zitronensaft

Salz, frisch gemahlener schwarzer Pfeffer

**FÜR DEN DIP**

100 g Feta oder Hirtenkäse

100 g Schmand

50 g Joghurt (3,5 % Fett)

2 EL gehackte Minze, Dill und/oder glatte Petersilie

Salz, frisch gemahlener schwarzer Pfeffer

**AUSSERDEM**

Stabmixer, Mörser, Springform (26 cm Durchmesser), ofenfestes Schälchen (10 cm Durchmesser)

Die Teigbällchen neben- und übereinander in die Springform um das ofenfeste Schälchen herumlegen. Dabei die Bällchen nicht fest zusammendrücken.

Das Monkeybread auf mittlerer Schiene im Backofen 45 Minuten goldgelb backen.

## ZUBEREITUNG DIP

Den Feta bzw. Hirtenkäse mit der Gabel fein zerdrücken und mit dem Schmand, Joghurt und Kräutern vermengen. Mit Salz und Pfeffer abschmecken.

## WEITERE ZUBEREITUNG

Das Monkeybread abkühlen lassen und den Dip in die Schüssel in der Brotmitte füllen.

# Veni, vidi, feiern

## CAESAR-SALAD WAFFEL-SANDWICH

Zwischen zwei köstlichen Parmesanwaffeln schmeckt der Salatklassiker mit Hähnchenfleisch, Bacon, Romanasalat und cremiger Sauce gleich noch mal so gut – und das ganz ohne Besteck.

ZUTATEN FÜR 8 STÜCK

**ZUTATEN**

**FÜR DIE WAFFELN**

150 g weiche Butter plus 1 EL zum Ausfetten
150 ml Buttermilch
5 Eier
250 g Mehl (Type 405)
1 gehäufter TL Backpulver
¼ TL Salz
1 Prise frisch gemahlener schwarzer Pfeffer
70 g geriebener Parmesan

**FÜR DAS FLEISCH**

16 Scheiben Frühstücksbacon
4 Hähnchenbrustfilets (à etwa 150 g)
Salz
2 EL neutrales Pflanzenöl
¼ TL edelsüßes Paprikapulver
2 Msp. gemahlener Cayennepfeffer
frisch gemahlener schwarzer Pfeffer

**FÜR DIE SAUCE**

3 in Öl eingelegte Sardellenfilets
100 g saure Sahne
70 g Mayonnaise
30 g geriebener Parmesan
2 EL Olivenöl
2 TL Worcestersauce
1 TL Zitronensaft
Salz, frisch gemahlener schwarzer Pfeffer

**Vorbereitung:** Die Sauce am Vortag zubereiten (kalt stellen).

Tipp: Die Waffeln alternativ mit Lachs, Schinken oder gebratenem Gemüse belegen.

### ZUBEREITUNG

Für die Waffeln die Butter mit dem Rührbesen (Küchenmaschine oder Handrührgerät) etwa 2 Minuten auf höchster Stufe schaumig schlagen. Dann die Buttermilch und Eier hinzugeben und alles 2 Minuten auf höchster Stufe weiterschlagen. Das Mehl mit dem Backpulver, Salz und Pfeffer vermischen. Nach und nach die Mehlmischung unter die Masse rühren, bis ein gleichmäßiger Teig entstanden ist. Zum Schluss den Parmesan unterrühren und den Teig 15 Minuten ruhen lassen. Das Waffeleisen ausfetten und je Waffel etwa 2 EL Teig hineingeben. Die Waffeln etwa 5–6 Minuten backen. Bei Bedarf das Waffeleisen zwischendurch einfetten. Insgesamt 16 Waffeln backen.

Den Backofen auf 180 °C (Ober-/Unterhitze) vorheizen. Ein Backblech mit Backpapier auslegen. Die Baconscheiben nebeneinander auf das Blech legen.

Das Hähnchenbrustfilet rundherum mit Salz würzen. Öl in einer Pfanne erhitzen und darin das Hähnchenbrustfilet bei mittlerer Temperatur etwa 2 Minuten von beiden Seiten anbraten. Das Hähnchenbrustfilet mit Paprikapulver, Cayennepfeffer und Pfeffer würzen und auf das Backblech legen. Bacon und Hähnchenfleisch etwa 12 Minuten auf mittlerer Schiene backen.

Währenddessen die Sauce zubereiten. Dafür die Sardellen zusammen mit der sauren Sahne, Mayonnaise, Parmesan, Olivenöl, Worcestersauce und Zitronensaft in ein hohes Gefäß geben. Alles mit dem Stabmixer fein pürieren. Mit Salz und Pfeffer abschmecken. Bis zum Servieren kalt stellen.

Die Waffeln mit der Sauce, Bacon, Salat und Hähnchenfleisch belegen. Eine Waffel darauflegen und mit einem Spieß fixieren.

**WEITERE ZUTATEN**

1 Mini-Romanasalat

**AUSSERDEM**

Waffeleisen, Stabmixer, Backblech, Backpapier, 8 Holz- oder Bambusspieße

# Weißwurst-Wantans

## MIT APFEL-RADIESCHEN-REMOULADE

ZUTATEN FÜR 25 STÜCK

**Knuspern statt zutzeln: In den frittierten Wantans versteckt sich eine saftige Füllung aus Weißwürsten. Dazu gibt es eine Remoulade mit Apfel, Radieschen und Schnittlauch zum Dippen. Weißwurst-Frühstück mal anders!**

### ZUTATEN

**FÜR DIE APFEL-RADIESCHEN-REMOULADE**

100 g Radieschen
75 g Apfel
100 g Mayonnaise
100 g Schmand
3 TL süßer Senf
3 EL Schnittlauchröllchen plus 1 EL für die Garnitur
Salz, frisch gemahlener schwarzer Pfeffer

**FÜR DIE WEISS-WURST-WANTANS**

250 g Weißwürste
2 Frühlingszwiebeln
½ EL geschälter, fein geriebener frischer Ingwer
¼ TL edelsüßes Paprikapulver
1 TL süßer Senf
25 fertige Wantan-Blätter, viereckig
etwa 700 ml Pflanzenöl zum Frittieren

**Vorbereitung:** Die Füllung und die Remoulade am Vortag zubereiten (kalt stellen). Die Wantans schmecken frisch frittiert am besten.

**Tipp:** Die Wantan-Teigblätter gibt es tiefgefroren im asiatischen Supermarkt. Du kannst sie nach Lust und Laune füllen, frittieren, braten oder in Brühe garen.

### ZUBEREITUNG

#### ZUBEREITUNG REMOULADE

Für die Remoulade die Radieschen in 5 mm kleine Würfel schneiden. Den Apfel entkernen und ebenfalls in 5 mm kleine Würfel schneiden. Radieschen, Apfel, Mayonnaise, Schmand, Senf und 3 EL Schnittlauch miteinander verrühren. Alles mit Salz und Pfeffer abschmecken.

#### ZUBEREITUNG WANTANS

Für die Wantans die Pelle von den Weißwürsten entfernen. Das Wurstbrät in sehr feine Würfel schneiden und dann fein hacken. Die Frühlingszwiebel putzen und fein hacken. Weißwürste, Frühlingszwiebeln, Ingwer, Paprikapulver und Senf in eine Schüssel geben und gut vermengen.

Auf jeweils ein Wantan-Teigblatt mittig 1 gehäuften TL Weißwurst-Füllung geben. Die freien Ränder mit etwas Wasser einstreichen – das geht am besten mit den Fingern. Dann jeweils die gegenüberliegenden Ecken zusammennehmen und festdrücken. Die Wantans müssen gut verschlossen sein. Insgesamt 25 Wantans herstellen.

Das Öl in einem kleinen Topf auf 170 °C erhitzen. Die Wantans portionsweise in das heiße Fett geben und knusprig braun frittieren, zwischendurch wenden. Das dauert etwa 4–5 Minuten. Immer nur vier bis fünf Wantans auf einmal in das Fett geben, da es sonst zu schnell Temperatur verliert. Die fertigen Wantans auf Küchenpapier abtropfen lassen.

Die Remoulade in einer separaten Schüssel zu den Wantans reichen. Die Wantans mit Schnittlauchröllchen garnieren.

# La Dolce Pita

## HÄHNCHENDÖNER-PANZANELLA

Panzanella ist ein italienischer Salat mit altbackenem Brot, der mich zu dieser Variante mit typischen Dönerzutaten wie Fladenbrot, Tomaten, Gurken, Rotkohl und Zwiebeln inspiriert hat. Das schmeckt nicht nur zum Brunch, sondern auch bei Grill- oder Gartenpartys.

ZUTATEN FÜR 10 PORTIONEN

### ZUTATEN

600 g Hähnchenbrustfilet
2 Knoblauchzehen
1 TL gemahlener Koriander
1 TL gemahlener Kreuzkümmel
1 TL edelsüßes Paprikapulver
2 Msp. Cayennepfeffer
4 EL neutrales Pflanzenöl, z. B. Rapsöl
Salz, frisch gemahlener schwarzer Pfeffer
½ türkisches Fladenbrot (etwa 250 g)
8 EL Olivenöl
1 unbehandelte Zitrone
2 EL Weißweinessig
2 Prisen Zucker
2 EL fein gehackte glatte Petersilie
2 EL fein gehackter Dill
200 g Datteltomaten
8–10 Mini-Gurken (oder Salatgurke)
150 g Rotkohl
1 Mini-Römersalat
2 kleine rote Zwiebeln
150 g Feta

### AUSSERDEM

Backblech, Backpapier

**Vorbereitung:** Die Zutaten einige Stunden vor dem Fest klein schneiden. Am Vortag Dressing anrühren, Hähnchen anbraten (separat kalt stellen) und am Partytag miteinander vermengen.

Tipp: Für die vegetarische Variante das Hähnchen durch angebratene Zucchini und Paprika ersetzen.

### ZUBEREITUNG

Zuerst das Fleisch vorbereiten. Dafür das Hähnchenbrustfilet quer zur Faser in 3 mm dünne Scheiben schneiden. Die Knoblauchzehen abziehen und grob reiben. Den Knoblauch, Koriander, Kreuzkümmel, Paprikapulver, Cayennepfeffer und 2 EL Pflanzenöl zu einer Marinade vermengen. Die Marinade mit je ¼ TL Salz und Pfeffer abschmecken. Das Hähnchenfleisch mit der Marinade vermengen und 20 Minuten abgedeckt im Kühlschrank durchziehen lassen.

Das Fladenbrot in mundgerechte Stücke zupfen. 2 EL Olivenöl in einer Pfanne erhitzen. Die Brotstücke darin bei mittlerer Temperatur 6–7 Minuten rundherum anbraten.

Für das Dressing die Schale der Zitrone abreiben und den Saft auspressen. Den Zitronenschalenabrieb, den Zitronensaft, 6 EL Olivenöl, Weißweinessig, Zucker, Petersilie und Dill miteinander verrühren. Mit Salz und Pfeffer abschmecken.

Für das Hähnchenfleisch restliches Pflanzenöl in einer großen Pfanne erhitzen. Darin das Fleisch bei hoher Temperatur 5 Minuten rundherum scharf anbraten. Bei mittlerer Temperatur 3 Minuten weiter anbraten und dabei ab und zu wenden. Das Fleisch aus der Pfanne nehmen und abkühlen lassen.

Währenddessen die Datteltomaten halbieren und die Gurken in 1 cm dünne Scheiben schneiden. Bei dem Rotkohl den Strunk entfernen und den Rotkohl in feine Streifen schneiden oder hobeln. Den Salat in mundgerechte Stücke zupfen. Die Zwiebeln abziehen und in möglichst feine Ringe schneiden. Den Feta grob zerbröseln.

Das Brot mit dem Hähnchenfleisch, geschnittenem Gemüse, Salat, Zwiebeln, Feta und Dressing vermengen und gut durchziehen lassen.

# Mini-Khachapuri

ZUTATEN FÜR 10 STÜCK

Khachapuri ist ein georgisches Brot aus Hefeteig mit Käse, das es in verschiedenen Varianten gibt. Meine kleinen, handlichen Khachapuri sind in der Mini-Variante mit Wachtelei das perfekte Brunch-Fingerfood.

**ZUTATEN FÜR DEN TEIG**

450 ml lauwarme Milch
10 g Trockenhefe
2 TL Zucker
1 gestrichener TL Salz
60 ml Olivenöl
800 g Mehl (Type 405)

**FÜR DIE FÜLLUNG**

2 Knoblauchzehen
250 g Feta
300 g Mozzarella
100 g Schmand
¼ TL edelsüßes Paprikapulver
Salz, frisch gemahlener schwarzer Pfeffer

**FÜR DAS TOPPING**

10 Wachteleier
1 Hühnerei
3 Frühlingszwiebeln
2 EL fein gehackte Petersilie oder Dill
etwas edelsüßes Paprikapulver zum Bestreuen

**AUSSERDEM**

2 Backbleche, Backpapier

**Vorbereitung:** Die Füllung am Vortag zubereiten (kalt stellen).

Tipp: Wachteleier findest du in asiatischen Supermärkten, in Feinkostgeschäften oder auf dem Wochenmarkt. Die Khachapuri schmecken aber auch ohne Wachteleier richtig lecker.

## ZUBEREITUNG

Für den Teig die Milch mit der Hefe und dem Zucker verrühren. Alles zusammen mit dem Salz, Olivenöl und Mehl zu einem glatten Teig verkneten. Den Teig mindestens 1 Stunde abgedeckt an einem warmen Ort gehen lassen.

Währenddessen die Füllung zubereiten. Den Knoblauch abziehen und sehr fein reiben. Den Feta mit den Fingern möglichst fein zerbröseln. Den Mozzarella sehr fein hacken, dann mit Küchenpapier trockentupfen. Feta und Mozzarella mit dem Schmand und Knoblauch verrühren. Mit Paprikapulver, Salz und Pfeffer abschmecken und alles gut vermengen. Nicht zu stark salzen, da der Käse schon salzig ist.

Den Backofen auf 180 °C (Umluft) vorheizen. Die Backbleche mit Backpapier auslegen.

Den Teig in zehn Portionen aufteilen, jede Portion mit den Händen zu einem ovalen Fladen mit etwa 20 cm Länge und 12 cm Breite formen und auf das Backpapier legen. Auf jeden Fladen etwa 2 EL Füllung verteilen. Die Ränder sollten 2 cm frei bleiben. Nun die Ränder ein kleines Stück nach innen rollen, sodass die Enden des Teigfladens spitz zulaufen. Die Teigenden an beiden Seiten miteinander verdrehen. Mit der Rückseite eines Teelöffels eine kleine Kuhle in den Käse drücken, jeweils ein Wachtelei vorsichtig mit einem Messer aufschlagen und auf ein Khachapuri gleiten lassen. Das Hühnerei mit einer Gabel verquirlen und die Teigränder mit Ei bestreichen.

Beide Backbleche in den Backofen schieben (nur beim Backen mit Umluft, ansonsten die Khachapuri hintereinander backen). Das Khachapuri etwa 35 Minuten backen, bis der Teig leicht gebräunt ist.

Die Frühlingszwiebeln putzen und in Röllchen schneiden. Vor dem Servieren das Khachapuri mit gehacktem Dill bzw. Petersilie und Frühlingszwiebeln bestreuen. Nach Wunsch noch etwas Paprikapulver darüberstreuen.

# Sandwiches

## MIT FLUSSKREBSEN, SESAMFRISCHKÄSE, KORIANDER & GURKE

Sandwiches sind super zum Brunch, weil sie einfach gemacht und sehr vielseitig sind. Ich biete gerne Varianten mit Fleisch, Fisch und vegetarischem Belag an – so ist für jeden Geschmack etwas dabei.

ZUTATEN FÜR 8 STÜCK

**ZUTATEN FÜR DEN SESAMFRISCHKÄSE**

200 g Doppelrahmfrischkäse

2 EL geröstete helle Sesamsamen

1 TL geröstetes Sesamöl

Salz, frisch gemahlener schwarzer Pfeffer

**WEITERE ZUTATEN**

¼ Salatgurke

8 Scheiben Sandwichtoast (Vollkorn oder klassisch)

200 g gegarte Flusskrebsschwänze (aus dem Kühlregal)

1 Handvoll frisches Koriandergrün

**Vorbereitung:** Den Sesamfrischkäse am Vortag zubereiten (kalt stellen).

Tipp: Anstatt Flusskrebsschwänzen schmecken die Sandwiches auch mit gegarten Partygarnelen.

### ZUBEREITUNG

Für den Sesamfrischkäse den Frischkäse mit den Sesamsamen und Sesamöl verrühren. Mit Salz und Pfeffer abschmecken.

Die Salatgurke längs halbieren und in 2 mm dünne Scheiben schneiden.

Die Toastscheiben mit Sesamfrischkäse bestreichen. Je vier Toastscheiben mit den Gurken, Flusskrebsschwänzen und Koriandergrün belegen und je eine Toastscheibe mit der bestrichenen Seite nach innen darauflegen. Die Brotrinde wahlweise abschneiden und die Sandwiches in Dreiecke schneiden.

# MIT KARAMELLISIERTEN OLIVEN, MORTADELLA, ORANGEN-MAYONNAISE & BASILIKUM

ZUTATEN FÜR 8 STÜCK

## ZUTATEN

### FÜR DIE KARAMELLISIERTEN OLIVEN

120 g schwarze Oliven ohne Stein, z. B. Kalamata

1 EL Olivenöl

1 EL Zucker

Salz, frisch gemahlener schwarzer Pfeffer

### FÜR DIE ORANGEN-MAYONNAISE

1 kleine unbehandelte Orange

4 EL Mayonnaise

Salz, frisch gemahlener schwarzer Pfeffer

### WEITERE ZUTATEN

8 Scheiben Sandwichtoast (Vollkorn oder klassisch)

4 große Scheiben Mortadella, etwa 80 g

1 Handvoll frische Basilikumblätter

**Vorbereitung:** Die karamellisierten Oliven und die Orangenmayonnaise kannst du bereits am Vortag zubereiten (kalt stellen).

Tipp: Am besten verwendest du ungeschwärzte Oliven. Diese sind zwar meist teurer, schmecken aber aromatischer.

## ZUBEREITUNG

Für die karamellisierten Oliven die Oliven grob hacken. In einer Pfanne das Olivenöl erhitzen und darin die Oliven bei mittlerer Hitze etwa 1 Minute anbraten. Den Zucker über die Oliven streuen und 1 Minute karamellisieren. Die Oliven lauwarm abkühlen lassen und mit Salz und Pfeffer abschmecken.

Für die Orangenmayonnaise die Schale der Orange abreiben. Die Mayonnaise mit dem Orangenschalenabrieb verrühren. Mit Salz und Pfeffer abschmecken.

Die Toastscheiben mit Mayonnaise bestreichen. Je vier Toastscheiben mit den Oliven, Mortadella und Basilikumblättern belegen und je eine Toastscheibe mit der bestrichenen Seite nach innen darauflegen. Die Brotrinde wahlweise abschneiden und die Sandwiches in Dreiecke schneiden.

# MIT TALEGGIO, HIMBEER-CHUTNEY & RADICCHIO

ZUTATEN FÜR 8 STÜCK

### ZUTATEN FÜR DAS HIMBEER-CHUTNEY

1 kleine rote Zwiebel

1 EL Olivenöl

200 g frische Himbeeren

1 TL flüssiger Honig

2 Prisen Chiliflocken (ohne Kerne)

Salz, frisch gemahlener schwarzer Pfeffer

### WEITERE ZUTATEN

150 g Taleggio

4 große Radicchio-Blätter

8 Scheiben Sandwichtoast (Vollkorn oder klassisch)

**Vorbereitung:** Das Himbeer-Chutney kannst du bereits am Vortag zubereiten (kalt stellen).

Tipp: Taleggio ist ein italienischer Käse, den du in gut sortierten Supermärkten oder im Feinkostgeschäft bekommst. Alternativ schmeckt das Sandwich auch mit Camembert.

## ZUBEREITUNG

Für das Himbeer-Chutney die Zwiebel abziehen und fein würfeln. Das Öl in einer Pfanne erhitzen und darin die Zwiebel bei mittlerer Temperatur 1 Minute glasig anschwitzen. Die Himbeeren hinzugeben und 2 Minuten anschwitzen. Den Honig über die Himbeeren geben und 1 Minute karamellisieren. Die Himbeeren leicht zerdrücken. Chiliflocken hinzufügen und mit Salz und Pfeffer abschmecken.

Den Taleggio in dünne Scheiben schneiden. Je vier Toastscheiben mit dem Taleggio, Himbeer-Chutney und Radicchio belegen und je eine Toastscheibe darauflegen. Die Brotrinde wahlweise abschneiden und die Sandwiches in Dreiecke schneiden.

Five O'clock

# Time to rock!

**Klassische Teatime und Kaffeeklatsch werden mit diesen Rezepten zu einem unvergesslichen Partymoment am Nachmittag. Hoch die Kaffeetassen!**

# Baklava

## MIT KOKOS & LIMETTE

ZUTATEN FÜR
ETWA 34 STÜCK

**Wenn du das süße Leben teilen möchtest, ist diese Baklava einfach perfekt. Die Füllung besteht aus Kokosraspeln, Mandeln und Limetten. Der Yufkateig wird zwischen den einzelnen Schichten mit reichlich Butter eingestrichen und nach dem Backen mit Zuckersirup getränkt.**

### ZUTATEN

- 350 ml Milch
- 425 g Zucker
- 1 Prise Salz
- 320 g Butter
- 400 g Kokosraspel
- 300 g blanchierte, gemahlene Mandeln
- 2 unbehandelte Limetten
- 900 g Yufkateig (aus dem Kühlregal)
- 25 g gehackte Pistazienkerne

### AUSSERDEM

rechteckige Back- oder Auflaufform (30 × 20 cm)

**Vorbereitung:** Das Baklava einen Tag vorher zubereiten (kalt stellen). Das Baklava mit Zimmertemperatur servieren.

Tipp: Zum Baklava passt Tee aus frischer Minze – an heißen Tagen am besten als erfrischender Eistee.

### ZUBEREITUNG

Die Milch mit 125 g Zucker, Salz und 70 g Butter bei mittlerer Temperatur erwärmen, bis die Milch fast kocht. Den Herd ausstellen. Die Kokosraspel und die Mandeln einrühren. Die Schale der Limetten fein abreiben und unter die Masse rühren.

Restliche Butter in einem Topf schmelzen. Den Boden der Auflaufform mit etwas Butter einstreichen. Den Backofen auf 180 °C (Umluft) vorheizen. Eine Lage Yufkateig in die Form legen und mit Butter einpinseln, eine weitere Lage auflegen und diese wieder mit Butter einpinseln. So weiter verfahren, bis zwölf Lagen Teig übereinanderliegen. Auf der letzten Schicht die Hälfte der Kokosmasse verstreichen. Nun zehn Lagen Teig mit Butter übereinanderschichten. Dann die restliche Kokosmasse auf der letzten Schicht verteilen. Dann wieder zwölf Lagen Teig mit Butter übereinanderschichten. Die restliche Butter auf der letzten Schicht verteilen.

Baklava rautenförmig mit einem scharfen Messer einschneiden. Die Stücke sollten 3–4 cm groß sein. Baklava auf mittlerer Schiene im Backofen 40–45 Minuten goldgelb backen.

Währenddessen den Sirup zubereiten. Dafür 300 g Zucker mit 200 ml Wasser aufkochen und köcheln lassen, bis sich der Zucker aufgelöst hat. Dabei ab und zu umrühren.

Wenn die Baklava fertig gebacken ist, den Sirup gleichmäßig auf die heiße Baklava gießen. Die Baklava mindestens 1 Stunde durchziehen lassen und mit gehackten Pistazien bestreuen.

# Rote-Bete-Babka

## MIT WEISSER SCHOKOLADE

ZUTATEN FÜR EINE KASTENFORM (ETWA 30 × 10 CM)

**Die Babka aus fluffigem Hefeteig ist mit weißer Schokolade gefüllt. Die rosarote Färbung bekommt sie durch Rote-Bete-Saft, der einfach unter den Teig gemischt wird.**

### ZUTATEN

100 g Butter plus etwas mehr Butter zum Ausfetten der Form

125 ml Rote-Bete-Saft

1 Prise Salz

1 Päckchen Trockenhefe (7 g)

1 Päckchen Bourbon-Vanillezucker

2 Eier

80 g Zucker

550 g Mehl (Type 405) plus etwas mehr zum Bearbeiten

150 g weiße Schokolade

1 EL Puderzucker zum Bestauben

### AUSSERDEM

Küchenmaschine oder Handrührgerät, Kastenform (etwa 30 × 10 cm), Backpapier

**Vorbereitung:** Der Teig ruht über Nacht im Kühlschrank und lässt sich gut vorbereiten.

### ZUBEREITUNG

Die Butter mit dem Rote-Bete-Saft zusammen in einem Topf schmelzen und lauwarm abkühlen lassen. In einer Rührschüssel zusammen mit dem Salz, der Hefe, dem Vanillezucker, Eiern und Zucker vermengen. Mit dem Knethaken nach und nach das Mehl unterarbeiten. Wenn alles gut vermengt ist, den Teig etwa 7 Minuten weiterkneten, bis er schön glatt und geschmeidig ist. Den Teig mit Klarsichtfolie abdecken und etwa 12 Stunden (oder über Nacht) im Kühlschrank kalt stellen.

Den Backofen auf 180 °C (Umluft) vorheizen. Die Kastenform mit Backpapier auslegen.

Die Schokolade fein hacken. Den Teig auf einer bemehlten Arbeitsfläche zu einem Rechteck von etwa 30 × 60 cm ausrollen. Der Teig sollte zum Schluss 2–3 mm dick sein.

Die Schokolade gleichmäßig auf dem Teig verteilen. Nun den Teig von der kurzen Seite aufrollen, sodass eine 30 cm breite Rolle entsteht. Die Rolle längs aufschneiden und die beiden Stränge miteinander verschlingen. Die doppelte Teigrolle vorsichtig in die Kastenform legen. Herausgefallene Schokolade auf die Babka und in die Zwischenräume streuen.

Die Babka im Backofen auf mittlerer Schiene 45 Minuten backen. Die Babka abkühlen lassen und anschließend mit dem Puderzucker bestauben.

Let's Party

# Käsekuchen

## MIT KAFFEE, KARDAMOM & ZIMT-ORANGEN-STREUSELN

Dieser Käsekuchen lässt die Geschmacksknospen tanzen, denn die Aromenkombination aus Kaffee, Kardamom, Orange und Zimt ist einfach der Knaller! Die knusprigen Streusel und die cremige Füllung sind ein wunderbarer Kontrast und geben ein perfektes Paar ab.

ZUTATEN FÜR 1 KUCHEN

**ZUTATEN**

**FÜR DEN TEIGBODEN**

275 g Mehl (Type 405)
100 g Zucker
½ Päckchen Bourbon-Vanillezucker
¼ TL gemahlener Zimt
1 Prise Salz
150 g kalte Butter plus etwas mehr zum Einfetten der Form
1 Ei

**FÜR DIE FÜLLUNG**

50 ml Milch
2 EL Instant-Kaffeepulver
50 g Speisestärke
200 g Zucker
1 Päckchen Bourbon-Vanillezucker
2 TL gemahlener Kardamom
6 Eier
1,2 kg Doppelrahmfrischkäse
1 Prise Salz

**FÜR DIE STREUSEL**

150 g Mehl (Type 405)
100 g Zucker
½ Päckchen Bourbon-Vanillezucker
1 gestrichener TL Backpulver
¼ TL gemahlener Zimt
1 Prise Salz
100 g kalte Butter
Schalenabrieb von 1 unbehandelten Orange

**Vorbereitung:** Den Kuchen am Vortag zubereiten, da er über Nacht kühl gestellt wird.

Tipp: Für einen koffeinfreien Kuchen einfach entkoffeiniertes Instant-Kaffeepulver verwenden.

### ZUBEREITUNG

Für den Teig (Boden) Mehl, Zucker, Vanillezucker, Zimt und Salz vermischen. Butter in kleine Würfel schneiden, mit dem Ei unterkneten, bis ein gleichmäßiger Teig entstanden ist. Den Teig 30 Minuten in den Kühlschrank stellen.

Den Backofen auf 180 °C (Umluft) vorheizen. Den Boden der Springform mit Backpapier auslegen.

Die eine Hälfte des Mürbeteigs zu einem Kreis mit 26 cm Durchmesser ausrollen und auf den Boden der Form legen. Aus dem restlichen Teig einen etwa 5 cm hohen Rand formen.

Für die Füllung die Milch erwärmen und das Instant-Kaffeepulver darin auflösen. Die Stärke mit dem Zucker, Vanillezucker und Kardamom vermischen. Die Eier in eine separate Schüssel geben und mit einem Handrührgerät verquirlen. Dann den Frischkäse, Zucker-Stärke-Mischung, Kaffee-Milch und 1 Prise Salz unterrühren, bis eine gleichmäßige Masse entstanden ist.

Für die Streusel das Mehl, Zucker, Vanillezucker, Backpulver, Zimt und Salz in einer Schüssel vermengen. Die Butter in kleine Würfel schneiden, mit dem Orangenschalenabrieb hinzugeben und alles mit den Händen zu einem krümeligen Teig verkneten.

Die Füllung auf den Boden geben und den Kuchen auf mittlerer Schiene etwa 30 Minuten backen. Dann den Kuchen aus dem Backofen nehmen und die Streusel auf dem Teig verteilen. Den Kuchen wieder in den Backofen stellen und 30 Minuten weiterbacken.

Den Kuchen abkühlen lassen und über Nacht (12 Stunden) in den Kühlschrank stellen.

### AUSSERDEM

Küchenmaschine oder Handrührgerät, Springform (26 cm Durchmesser), Backpapier

# Lachsmuffins
## MIT WASABINÜSSEN

ZUTATEN FÜR 12 STÜCK

**Herzhafte Muffins sind das perfekte Fingerfood zum Kaffeeklatsch oder Brunch. Die Kombi aus Räucherlachs und Wasabinüssen ist eine außergewöhnliche, aber unkomplizierte Alternative zur klassischen Lachsplatte mit Sahne-Meerrettich auf dem Buffet.**

### ZUTATEN FÜR DIE MUFFINS

200 g Räucherlachs
140 g Wasabi-Erdnüsse
2 Frühlingszwiebeln
300 g Mehl (Type 405)
½ Päckchen Backpulver
2 Prisen Salz
2 Prisen Zucker
180 g weiche Butter
3 Eier

### AUSSERDEM

Küchenmaschine oder Handrührgerät, Muffinblech, Muffinförmchen aus Papier

**Vorbereitung:** Die Muffins schmecken frisch am besten – daher erst am Partytag zubereiten.

Tipp: Wasabi-Erdnüsse gibt es im Snackregal im Supermarkt.

### ZUBEREITUNG

Den Lachs in 2–3 cm große Stücke schneiden. Die Wasabinüsse grob hacken. Die Frühlingszwiebeln putzen und in feine Röllchen schneiden. Das Mehl mit dem Backpulver, Salz und Zucker mischen. Alles beiseitestellen.

Die Butter mit dem Rührbesen (Handrührgerät oder Küchenmaschine) 2 Minuten auf höchster Stufe schaumig rühren. Die Eier hinzugeben und alles 1 Minute weiterschlagen. Nach und nach das Mehl unterrühren, bis eine gleichmäßige Masse entstanden ist. Dann die Hälfte der Wasabinüsse, den Lachs und die Frühlingszwiebeln unterrühren.

Den Backofen auf 180 °C (Umluft) vorheizen. Den Teig in die Muffinförmchen füllen und in das Muffinblech setzen. Die restlichen Wasabinüsse gleichmäßig auf die Muffins streuen. Die Muffins auf mittlerer Schiene 25 Minuten backen.

# Anchan-Granita

## MIT LEMONGRAS

ZUTATEN FÜR 6–8 GLÄSER

Die Granita mit Anchan bringt deine Gäste zum Staunen. Der Tee aus Schmetterlingserbsen-Blüten ist von Natur aus tiefblau, vermischt mit Limetten- oder Zitronensaft verfärbt er sich violett. Ein echter Wow-Effekt!

### ZUTATEN

2 Stangen Lemongras
15 g loser Anchan-Tee
100 g Zucker
800 g Eiswürfel
1 Limette

### AUSSERDEM

feines Sieb, Standmixer

**Vorbereitung:** Der Tee zieht über Nacht im Kühlschrank durch und lässt sich super vorbereiten.
Tipp: Anchan-Tee ist in gut sortierten Teegeschäften oder im Onlinehandel erhältlich.

### ZUBEREITUNG

Das Lemongras in 5 mm dünne Scheiben schneiden. Den Tee, Zucker und das Lemongras mit 1 l Wasser in einen Topf geben. Den Tee aufkochen und 10 Minuten bei mittlerer Temperatur leicht köcheln lassen.

Den Tee abkühlen lassen und über Nacht in den Kühlschrank stellen.

Am nächsten Tag den Tee durch ein feines Sieb gießen, die Flüssigkeit mit den Eiswürfeln in einen Standmixer geben und gut durchmixen. Die Limette in Achtel schneiden.

Die Granita in Gläser geben, mit Limettensaft beträufeln und sofort servieren.

# Brioches
## MIT MATCHA & WEISSER SCHOKOLADE

ZUTATEN FÜR 12 STÜCK

Handliche Teatime: Die zartgrünen Brioches erhalten ihre Farbe durch Matcha-Tee. In den süßen Brötchen verbirgt sich weiße Schokolade, die hervorragend zu dem leicht herben Geschmack des Tees passt. Matcha enthält übrigens Koffein und kann wie Kaffee als »Latte« serviert werden.

### ZUTATEN

180 g Butter plus etwas mehr zum Einfetten der Form
180 ml lauwarme Milch
1 Päckchen Trockenhefe (7 g)
80 g Zucker
2 Eier
500 g Mehl (Type 405)
15 g Matcha-Pulver
1 Prise Salz
100 g weiße Schokolade

### FÜR DIE GARNIERUNG

1 EL Puderzucker
½ TL Matcha-Pulver

### AUSSERDEM

Küchenmaschine oder Handrührgerät, Muffinblech, feines Sieb

**Vorbereitung:** Die Brioches schmecken frisch am besten – daher am Partytag backen und servieren.

Tipp: Matcha, ein Grüntee-Pulver aus Japan, ist in asiatischen Lebensmittelgeschäften, im Onlinehandel oder in Teeläden erhältlich.

### ZUBEREITUNG

Die Butter schmelzen und lauwarm abkühlen lassen. Butter, Milch, Trockenhefe, Zucker und 1 Ei mit dem Knethaken der Küchenmaschine (oder Handrührgerät) bei mittlerer Geschwindigkeit verrühren.

Das Mehl mit dem Matchapulver und Salz vermischen. Die Mehl-Matcha-Mischung nach und nach unter die Butter-Milch-Zucker-Mischung geben und den Teig etwa 7 Minuten weiterkneten. Den Teig abgedeckt 1 Stunde an einem warmen Ort gehen lassen.

Die Schokolade in zwölf gleich große Stücke zerteilen. Den Teig in zwölf Portionen aufteilen. Von jeder Portion etwa 1 TL Teig abzupfen und zu einer kleinen Kugel formen. Aus den großen Teigportionen eine Kugel formen und in die Mitte ein Stück Schokolade drücken. Die Öffnung gut verschließen, damit die Schokolade nicht austreten kann.

Übriges Ei mit einer Gabel verquirlen. Das Muffinblech großzügig ausfetten. Die großen Kugeln in die Muffinmulden setzen, mit verquirltem Ei bestreichen, die kleinen Teigkugeln aufsetzen und diese auch mit Ei bestreichen. Die Brioches nochmals 30 Minuten gehen lassen.

Den Backofen auf 180 °C (Umluft) vorheizen. Die Brioches im Backofen 20 Minuten auf mittlerer Schiene backen, bis sie leicht gebräunt sind. Für die Garnierung den Puderzucker mit dem Matcha-Pulver vermischen. Die fertigen Brioches mit der Puderzucker-Matcha-Mischung bestauben.

# Runde Sache

## BREZELRINGE MIT CHEDDAR-JALAPEÑO-FÜLLUNG

Mit diesen soften, fluffigen Brezelringen geht es an der Kaffeetafel rund: Sie sind mit einer feurigen Creme aus Jalapeños, Cheddar und Frischkäse gefüllt – perfekt für Outdoor-Feste oder Brunch-Buffets.

ZUTATEN FÜR 8 STÜCK

### ZUTATEN

80 g Butter
125 ml lauwarme Milch
1 Päckchen Trockenhefe (7 g)
2 TL Zucker
600 g Mehl (Type 405) plus etwas zum Bearbeiten
½ TL Salz
200 g Cheddar
60 g eingelegte Jalapeños
150 g Doppelrahmfrischkäse
Salz, frisch gemahlener schwarzer Pfeffer
75 g Natron
2 EL Sesamsamen

### AUSSERDEM

Küchenmaschine oder Handrührgerät, Küchenpapier, 2 Backbleche, Backpapier, Schaumkelle

**Vorbereitung:** Die Brezelringe schmecken frisch am besten – daher am Partytag backen und servieren.

Tipp: Für eine weniger feurige Variante die Jalapeños durch Frühlingszwiebeln ersetzen.

### ZUBEREITUNG

Die Butter schmelzen und lauwarm abkühlen lassen. 200 ml lauwarmes Wasser, Milch, Trockenhefe und Zucker verrühren. Alles zusammen mit der Butter, Mehl und Salz etwa 8 Minuten mit einem Knethaken (Küchenmaschine oder Handrührgerät) auf mittlerer Stufe verkneten. Den Teig 1 Stunde an einem warmen Ort gehen lassen.

Währenddessen den Cheddar fein reiben. Die Jalapeños gut abtropfen lassen, mit Küchenpapier trockentupfen und fein hacken. Den Cheddar und die Jalapeños mit dem Frischkäse vermischen und mit je 1 Prise Salz und Pfeffer abschmecken.

Den Teig auf einer bemehlten Arbeitsfläche zu einem Rechteck von etwa 50 × 30 cm ausrollen. Den Teig in acht Streifen à 30 cm Länge schneiden. Auf jeden Streifen mittig 1 EL Käse-Jalapeño-Creme streichen. Der Rand sollte 1,5–2 cm frei bleiben. Die langen Seiten umklappen und mit den Fingern zusammendrücken, sodass eine gefüllte Teigrolle entsteht. Aus jeder Rolle einen Ring formen und die Enden zu einem Knoten umschlagen.

Den Backofen auf 180 °C (Umluft) vorheizen. Die Backbleche mit Backpapier auslegen.

Das Natron mit 1,5 l Wasser in einen Topf geben und einmal aufkochen. Dann die Hitze reduzieren, sodass die Flüssigkeit leicht simmert. Die Teigringe portionsweise in den Topf geben. Die Teigringe 30 Sekunden in der Natronlauge ziehen lassen.

Die Teigringe auf das Backpapier legen. Es sollte etwas Abstand zwischen den Ringen sein, da diese aufgehen. Die Teigringe mit Sesamsamen bestreuen und etwa 30 Minuten auf mittlerer Schiene backen, bis sie goldbraun sind.

# Kunterbunt-cooler Konfetti-Hund

ZUTATEN FÜR 1 KUCHEN

**Kalter Hund in Feierlaune! Der Kuchenklassiker mit vielen bunten Zuckerstreuseln ist ein echtes Partytier. Die Butterkekse werden nicht ordentlich geschichtet, sondern dürfen sich kreuz und quer im Kuchen verteilen.**

**ZUTATEN**

600 g weiße Kuvertüre
250 g Kokosfett
50 g Puderzucker
250 g Butterkekse
120 g bunte Zuckerstreusel
3 EL Konfetti-Streusel

**AUSSERDEM**

feines Sieb,
Kastenform (25 × 12 cm),
Frischhaltefolie

**Vorbereitung:** Den Kuchen am Vortag zubereiten und über Nacht kalt stellen.

**Tipp:** Im Winter Spekulatius anstatt Butterkeksen verwenden und den Kuchen mit essbaren Goldsternchen garnieren.

## ZUBEREITUNG

450 g Kuvertüre zusammen mit dem Kokosfett in einen Topf geben und bei mittlerer Temperatur schmelzen. Den Puderzucker sieben und unterheben. Die Masse lauwarm abkühlen lassen.

Die Kastenform mit Frischhaltefolie auskleiden. Kekse grob hacken und mit den Zuckerstreuseln unter die Schokoladenmasse rühren.

Die Masse in die Form geben und mindestens 4 Stunden kalt stellen.

Nach der Kühlzeit die restliche Kuvertüre hacken und auf einem heißen Wasserbad schmelzen. Die Kuvertüre vom Wasserbad nehmen und lauwarm abkühlen lassen.

Den Kuchen mit der Kuvertüre überziehen und mit Konfetti-Streuseln bestreuen. Den Kuchen in den Kühlschrank stellen und weitere 30 Minuten fest werden lassen.

# Grapefruit Bars

## MIT STERNANIS

ZUTATEN FÜR 24 STÜCK

**Knuspriger Mürbeteigboden und eine Creme aus Grapefruitsaft, die mit Sternanis verfeinert ist: Diese einfachen und dennoch raffinierten Bars sind ein bittersüßes Highlight auf dem Kuchenbuffet.**

### ZUTATEN FÜR DEN MÜRBETEIG

300 g kalte Butter
400 g Mehl (Type 405)
120 g Zucker
1 Päckchen Bourbon-Vanillezucker
1 Prise Salz

### FÜR DEN BELAG

500 ml rosa Grapefruitsaft (»Pink Grapefruit«)
7 Stück Sternanis
300 g Zucker
50 g Speisestärke
6 Eier
2–3 EL Puderzucker zum Bestauben

### AUSSERDEM

Auflaufform (etwa 30 × 20 cm), Backpapier

**Vorbereitung:** Den Grapefruit-Sternanis-Zucker-Sud am Vortag zubereiten (kalt stellen). Die Stärke und die Eier erst am Backtag untermischen.

Tipp: Das Backpapier einmal komplett zu einem Ball zusammenknüllen und dann wieder entfalten. So passt es sich besser der Auflaufform an.

### ZUBEREITUNG

Den Backofen auf 180 °C (Umluft) vorheizen. Die Auflaufform mit Backpapier auslegen.

Für den Teig die Butter in kleine Würfel schneiden. Zusammen mit dem Mehl, Zucker, Bourbon-Vanillezucker und Salz in eine Schüssel geben. Alles mit den Händen zu einem glatten Teig verkneten. Den Teig auf 30 × 20 cm ausrollen und in die Auflaufform legen. Den Teigboden 30 Minuten auf mittlerer Schiene vorbacken.

Währenddessen den Belag zubereiten. Dafür 400 ml Grapefruitsaft zusammen mit dem Sternanis in einen kleinen Topf geben, erhitzen und 10 Minuten bei niedriger Temperatur ziehen lassen. Die Flüssigkeit sollte nicht kochen.

Den Sternanis aus dem Saft nehmen und den Zucker unterrühren, bis er sich aufgelöst hat. Die Flüssigkeit lauwarm abkühlen lassen. Die Speisestärke mit dem restlichen Grapefruitsaft klümpchenfrei verrühren. Die Eier in eine Schüssel schlagen und gut mit dem Schneebesen verquirlen. Den Grapefruit-Sternanis-Sud mit der Stärkemischung und den Eiern verrühren.

Wenn der Teigboden vorgebacken ist, aus dem Backofen nehmen und den Belag auf den Teigboden gießen. Die Auflaufform wieder in den Backofen stellen und auf mittlerer Schiene weitere 40 Minuten backen. Den Kuchen abkühlen lassen, aus der Form nehmen und mit Puderzucker bestauben. Den Kuchen in 24 gleich große Würfel schneiden.

# Scones
## MIT KABANOSSI & PAPRIKA

ZUTATEN FÜR 12 STÜCK

**Scones sind ein traditionelles Gebäck aus Großbritannien. Sie schmecken süß oder herzhaft am besten dick bestrichen mit Butter oder Clotted Cream, einem dicken, cremigen Rahmaufstrich.**

### ZUTATEN

150 g Kabanossi (Wurst aus Schweinefleisch)
200 g gelbe Paprikaschote
600 g Mehl (Type 405)
2 gestrichene TL Backpulver
je 2 Prisen Salz, frisch gemahlener schwarzer Pfeffer
200 g kalte Butter
180 ml Milch
1 Eigelb
etwas edelsüßes Paprikapulver zum Bestreuen

### AUSSERDEM

Backblech, Backpapier

**Vorbereitung:** Die Scones schmecken am besten frisch aus dem Backofen, wenn sie noch leicht warm sind.

Tipp: Den Teig nur so wenig und kurz wie möglich kneten, damit die Scones ihre typische Konsistenz bekommen.

### ZUBEREITUNG

Die Kabanossi in 0,5–1 cm kleine Würfel schneiden. Die Paprika halbieren, die Kerne und die Stege entfernen und die Paprika ebenfalls in 0,5–1 cm kleine Würfel schneiden.

Den Backofen auf 180 °C (Umluft) vorheizen. Die Backbleche mit Backpapier auslegen.

Das Mehl mit dem Backpulver, Salz und Pfeffer vermengen. Die Butter in kleine Würfel schneiden und locker mit den Händen einkneten. Nach und nach die Milch einarbeiten. Sobald die Milch eingearbeitet ist, die Kabanossi und die Paprika unter den Teig mischen.

Den Teig mit den Händen zu je zwei Kreisen mit etwa 20 cm Durchmesser formen und auf die Backbleche legen. Die Kreise mit einem Messer in sechs Teile schneiden, ähnlich wie bei einer Pizza. Dann die Teigstücke auseinanderziehen, sodass etwa 3 cm Abstand dazwischen ist.

Das Eigelb verquirlen und die Teigstücke damit bestreichen. Die Scones mit etwas Paprikapulver bestreuen und auf mittlerer Schiene 25–30 Minuten goldgelb backen.

# MIT SCAMORZA & FEIGEN

ZUTATEN FÜR 12 STÜCK

**ZUTATEN**

150 g Scamorza (italienischer Räucherkäse)

120 g getrocknete, weiche Feigen (»Soft-Feigen«)

600 g Mehl (Type 405)

2 gestrichene TL Backpulver

je 1 Prise Salz, frisch gemahlener schwarzer Pfeffer

200 g kalte Butter

180 ml Milch

1 Eigelb

12 Rosmarinspitzen

**AUSSERDEM**

Backbleche, Backpapier

## ZUBEREITUNG

Den Scamorza und die Feigen in 0,5–1 cm kleine Würfel schneiden.

Den Backofen auf 180 °C (Umluft) vorheizen. Die Backbleche mit Backpapier auslegen.

Das Mehl mit dem Backpulver, Salz und Pfeffer vermengen. Butter in kleine Würfel schneiden und locker mit den Händen einkneten. Nach und nach die Milch einarbeiten. Sobald die Milch eingearbeitet ist, den Scamorza und die Feigen unter den Teig mischen.

Den Teig mit den Händen zu je zwei Kreisen mit etwa 20 cm Durchmesser formen und auf die Backbleche legen. Die Kreise mit einem Messer in sechs Teile schneiden, ähnlich wie bei einer Pizza. Dann die Teigstücke auseinanderziehen, sodass etwa 3 cm Abstand dazwischen ist.

Das Eigelb verquirlen und die Teigstücke damit bestreichen. Je eine Rosmarinspitze auf die Scones legen und leicht festdrücken. Die Scones im Backofen auf mittlerer Schiene 25–30 Minuten goldgelb backen.

# MIT SZECHUAN-PFEFFER & ERDBEEREN

ZUTATEN FÜR 12 STÜCK

**ZUTATEN**

20 g gefriergetrocknete Erdbeerchips
1 TL Szechuan-Pfeffer
600 g Mehl (Type 405)
2 gestrichene TL Backpulver
1 Prise Salz
200 g kalte Butter
180 ml Milch
1 Eigelb

**AUSSERDEM**

Mörser, Backblech, Backpapier

**ZUBEREITUNG**

Die Erdbeeren grob hacken. Den Szechuan-Pfeffer im Mörser fein zermahlen.

Den Backofen auf 180 °C (Umluft) vorheizen. Die Backbleche mit Backpapier auslegen.

Das Mehl mit dem Backpulver, Salz und Szechuan-Pfeffer vermengen. Butter in kleine Würfel schneiden und locker mit den Händen einkneten. Nach und nach die Milch einarbeiten. Sobald die Milch eingearbeitet ist, die Erdbeeren unter den Teig mischen.

Den Teig mit den Händen zu je zwei Kreisen mit etwa 20 cm Durchmesser formen und auf die Backbleche legen. Die Kreise mit einem Messer in sechs Teile schneiden, ähnlich wie bei einer Pizza. Dann die Teigstücke auseinanderziehen, sodass etwa 3 cm Abstand dazwischen ist.

Das Eigelb verquirlen und die Teigstücke damit bestreichen. Die Scones im Backofen auf mittlerer Schiene 25–30 Minuten goldgelb backen.

# Love Budget

# Volles Haus, aber leere Taschen?

Mit diesen Rezepten begeisterst du bei deiner No-Knete-Fete garantiert und beweist, dass guter Geschmack keine Frage des Geldbeutels ist.

# Cevapcici »ohne Chichi«

## MIT SCHOPSKA-SALSA

ZUTATEN FÜR 18 STÜCK

Cevapcici sind ein echter Hack-Klassiker und schmecken warm oder kalt. Dazu serviere ich eine Schopska-Salsa. Schopska ist ein Salat aus dem Balkan aus Gurken, Tomaten und Paprika, den ich zu einem knackig-frischen Dip abgewandelt habe.

### ZUTATEN FÜR DIE SCHOPSKA-SALSA

3 Strauchtomaten
½ Salatgurke
1 gelbe Paprikaschote
1 mittelgroße rote Zwiebel
1 unbehandelte Zitrone
3 EL Olivenöl
1 Prise Zucker
80 g Feta oder Hirtenkäse
Salz, frisch gemahlener schwarzer Pfeffer
2 EL gehackte Minzblättchen
2 EL gehackte glatte Petersilie

### FÜR DIE CEVAPCICI

1 große Zwiebel
4–5 Knoblauchzehen
3 EL Rapsöl
20 g glatte Petersilie
800 g Rinderhackfleisch
2 TL edelsüßes Paprikapulver
1 TL geräuchertes Paprikapulver
½ TL rosenscharfes Paprikapulver
½ TL Salz
¼ TL frisch gemahlener schwarzer Pfeffer

**Vorbereitung:** Die Salsa und Cevapcici am Vortag zubereiten (kalt stellen). Die Petersilie und die Minze erst vor dem Servieren hacken und untermengen.

Tipp: Anstatt der Salsa passt auch Ajvar, eine Paprikacreme, aus dem Glas zu den Cevapcici – wahlweise mit etwas Schmand oder Mayonnaise vermengen.

### ZUBEREITUNG

Für die Schopska-Salsa bei den Tomaten den Stielansatz und die Kerne entfernen und die Tomaten in 1 cm kleine Würfel schneiden. Die Gurke längs halbieren, entkernen und in 1 cm kleine Würfel schneiden. Die Paprika halbieren, die Kerne und die Stege entfernen und die Paprika in 1 cm kleine Würfel schneiden. Die Zwiebel abziehen und fein würfeln. Alles in eine Schüssel geben. Die Schale der Zitrone abreiben und den Saft der Zitrone auspressen. Zitronenschalenabrieb, 2 EL Zitronensaft, Olivenöl und Zucker miteinander verrühren und mit dem Gemüse vermengen. Den Feta bzw. Hirtenkäse mit den Fingern zerbröseln und ebenfalls untermischen. Die Salsa mit Salz und Pfeffer abschmecken. Die Salsa abgedeckt in den Kühlschrank stellen.

Für die Cevapcici die Zwiebel abziehen und in möglichst feine Würfel schneiden. Die Knoblauchzehen abziehen und grob reiben. 1 EL Rapsöl in einer Pfanne erhitzen und darin die Zwiebel und den Knoblauch 2 Minuten bei mittlerer Temperatur glasig anschwitzen. Dann abkühlen lassen.

Die Petersilie möglichst fein hacken. Die Petersilie mit dem Hackfleisch, edelsüßem, geräuchertem, rosenscharfem Paprikapulver, Salz und Pfeffer in eine Schüssel geben und alles mit den Händen zu einer gleichmäßigen Masse verkneten. Aus der Masse 18 Röllchen von etwa 10 cm Länge formen.

Das restliche Rapsöl in einer Pfanne erhitzen und darin die Cevapcici erst scharf von allen Seiten und dann weitere 8–10 Minuten bei mittlerer Temperatur rundherum braten.

Kurz vor dem Servieren die Petersilie und Minze unter die Schopska-Salsa rühren. Die Salsa in einer separaten Schüssel zusammen mit den Cevapcici servieren.

# Party-Pasta

## NUDELSALAT MIT KÜRBIS, KICHERERBSEN & SCHAFSKÄSE

ZUTATEN FÜR
10–12 PERSONEN

**Nudelsalat gehört bei Partybuffets zur Standardausstattung. Für Abwechslung sorgt meine Variante mit gebratenem Kürbis, Kichererbsen und Schafskäse (siehe Bild unten). Das Dressing ist mit einer Falafel-Gewürzmischung abgeschmeckt.**

### ZUTATEN

- 500 g kleine Farfalle
- Salz
- 1 kleiner Hokkaido-Kürbis (etwa 1,2 kg, etwa 500 g küchenfertiges Fruchtfleisch)
- 10 EL Olivenöl
- frisch gemahlener schwarzer Pfeffer
- 5 EL Weißweinessig
- 3 gehäufte TL Falafel-Gewürz
- 2 TL flüssiger Honig
- 1 kleine Dose Kichererbsen (etwa 265 g Abtropfgewicht)
- 2 Frühlingszwiebeln
- 25 g glatte Petersilie
- 300 g Feta oder Hirtenkäse

**Vorbereitung:** Die Pasta am Vortag kochen und mit 2 EL Öl vermengen, damit sie nicht zusammenklebt. Das Dressing ebenfalls am Vortag zubereiten und in einem Schraubglas aufbewahren (beides kalt stellen). Die Nudeln am Partytag mit dem Dressing und den restlichen Zutaten vermengen.

**Tipp:** Alternativ andere Pastasorten wie kurze Makkaroni, Penne oder Fusilli verwenden.

### ZUBEREITUNG

Die Farfalle in reichlich Salzwasser bissfest garen. Währenddessen den Hokkaido-Kürbis entkernen und in 2 cm breite Spalten schneiden. Die Spalten in 1 cm breite Stücke schneiden. 2 EL Olivenöl in einer Pfanne erhitzen und darin den Kürbis 6–7 Minuten bei mittlerer Temperatur anbraten. Mit Salz und Pfeffer abschmecken. Den Kürbis nach dem Braten lauwarm abkühlen lassen.

Aus 8 EL Olivenöl, Weißweinessig, Falafel-Gewürz und Honig ein Dressing anrühren. Mit Salz und Pfeffer abschmecken.

Die fertig gegarten Nudeln abgießen, gut abtropfen lassen und sofort mit dem Dressing, Kürbis und abgetropften Kichererbsen vermengen.

Die Frühlingszwiebeln putzen und in feine Röllchen schneiden. Die Petersilie fein hacken. Den Feta bzw. Hirtenkäse mit den Fingern zerbröseln. Die Nudeln mit den Frühlingszwiebeln, Petersilie und Käse vermengen und nochmals mit Salz und Pfeffer abschmecken.

# Total blau!

## LINSENSALAT MIT BLAUSCHIMMELKÄSE, ÄPFELN & ERDNÜSSEN

ZUTATEN FÜR
8–10 PERSONEN

Langweilige Linsen – von wegen! Dieser Salat aus simplen Zutaten ist durch den Käse wunderbar würzig. Äpfel und Erdnüsse sorgen für knackigen Biss. Das Dressing wird mit nur wenigen Zutaten aus dem Vorratsschrank zubereitet.

### ZUTATEN

400 g Belugalinsen

150 g geröstete gesalzene Erdnusskerne

2 Frühlingszwiebeln

2 kleine Äpfel

150 g halbfester Blauschimmelkäse mit krümeliger Konsistenz

8 EL Olivenöl

4 EL Apfelessig

2 TL flüssiger Honig

1 TL mittelscharfer Senf

Salz, frisch gemahlener schwarzer Pfeffer

15 g frische Minze

**Vorbereitung:** Die Linsen und das Dressing am Vortag zubereiten (beides separat im Kühlschrank aufbewahren).

**Tipp:** Anstatt mit Blauschimmelkäse schmeckt der Salat auch mit Feta oder Hirtenkäse.

### ZUBEREITUNG

Die Linsen über Nacht in Wasser einweichen. Die Linsen am nächsten Tag im Einweichwasser (ggf. Wassermenge erhöhen) nach Packungsanweisung garen. Sie sollten noch leichten Biss haben. Die fertig gegarten Linsen abgießen und abkühlen lassen.

Währenddessen die Erdnüsse grob hacken und beiseitestellen. Die Frühlingszwiebeln putzen und in feine Ringe schneiden. Die Äpfel vierteln, entkernen und in 1 cm kleine Würfel schneiden. Den Käse mit den Fingern zerbröseln.

Aus dem Olivenöl, Apfelessig, Honig und Senf ein Dressing rühren und mit Salz und Pfeffer abschmecken.

Die Linsen mit den Frühlingszwiebeln, Äpfeln, Käse und Dressing vermengen. Kurz vor dem Servieren die Minzblättchen von den Stängeln zupfen und fein hacken. Die Minze und die Erdnüsse unter den Salat rühren. Nochmals mit Salz und Pfeffer abschmecken.

# Berliner Kir royal

ZUTATEN FÜR 4 GLÄSER

Anstatt mit Champagner mixe ich meinen bodenständigen Kir royal mit Berliner Weiße und wahlweise mit Crème de Cassis, schwarzem Johannisbeer-Likör oder Sirup. Einfach, ehrlich und jut is.

**ZUTATEN**

50 ml Crème de Cassis, schwarzer Johannisbeer-Likör oder -Sirup

330 ml kalte Berliner Weiße

**AUSSERDEM**

4 Sektgläser (à etwa 100 ml Fassungsvermögen)

**Vorbereitung:** Die Zutaten und Gläser gut vorkühlen, da der Drink nicht mit Eis serviert wird.

**Tipp:** Die Berliner Weiße wird klassisch als »Weiße mit Strippe« mit Korn oder Kümmelschnaps oder als »Weiße mit Schuss« mit Himbeer- oder Waldmeistersirup serviert.

## ZUBEREITUNG

Die Crème de Cassis gleichmäßig auf die Sektgläser verteilen. Vorsichtig mit Bier aufgießen, damit das Bier nicht zu stark schäumt. Den Drink sofort servieren.

# Chillige Caponata
## MIT ORANGE & OLIVEN

ZUTATEN FÜR
8–10 PERSONEN

**Sizilianische Caponata sind geschmorte Auberginen in einer säuerlichen Tomatensauce, die warm und kalt schmecken. Die Caponata besteht aus einfachen Zutaten und du kannst sie ganz entspannt zubereiten: Anstatt die Auberginen in der Pfanne zu braten oder zu frittieren, gare ich sie im Backofen.**

### ZUTATEN

2 große Auberginen
Salz
2 mittelgroße Zwiebeln
3–4 Knoblauchzehen
120 g schwarze Oliven (ohne Stein)
5 EL Olivenöl
2 EL Tomatenmark
150 ml trockener Weißwein
50 ml Weißweinessig
800 g stückige Tomaten (Konserve)
5 Zweige Thymian
2 Zweige Rosmarin
2 Lorbeerblätter
1 unbehandelte Orange
2 TL flüssiger Honig oder Zucker
frisch gemahlener schwarzer Pfeffer
wahlweise etwas frischer Rosmarin und Thymian zum Garnieren

### AUSSERDEM

Backblech, Backpapier

**Vorbereitung:** Die Caponata am Vortag zubereiten – sie schmeckt am nächsten Tag sogar noch besser.

**Tipp:** Anstatt mit Oliven die Caponata mit Kapern oder gerösteten Pinienkernen verfeinern. Letztere sind etwas teurer und lassen sich durch Mandelstifte ersetzen.

### ZUBEREITUNG

Den Backofen auf 200 °C (Umluft) vorheizen. Die Auberginen in 2 cm große Würfel schneiden, leicht salzen und auf einem Backblech mit Backpapier verteilen. Die Auberginen 25–30 Minuten auf mittlerer Schiene im Backofen garen, bis sie gebräunt sind.

Die Zwiebeln abziehen und würfeln. Den Knoblauch abziehen und in dünne Scheiben schneiden. Die Oliven halbieren.

Das Olivenöl in einem großen Topf erhitzen und die Zwiebeln bei mittlerer Temperatur 3 Minuten glasig anschwitzen. Den Knoblauch hinzugeben und etwa 1 Minute mit anschwitzen. Das Tomatenmark hinzugeben und 1 Minute anbraten. Mit Weißwein und Essig ablöschen. Die Tomaten, Rosmarin- und Thymianzweige und Lorbeerblätter hinzugeben. Alles 10–15 Minuten bei mittlerer Temperatur köcheln lassen.

Dann die Auberginen und Oliven hinzugeben und alles weitere 15 Minuten bei mittlerer Temperatur köcheln lassen. Die Schale der Orange fein abreiben und den Saft der Orange auspressen. Schale und Saft 1 Minute vor Ende der Garzeit unter die Caponata rühren. Die Caponata mit Honig oder Zucker, Salz und Pfeffer abschmecken.

Die Caponata in einer Schüssel anrichten und mit Rosmarin oder Thymian garnieren.

# Rasantes Raclette

## MIT SCHINKEN & SCHNITTLAUCH (VOM BLECH)

ZUTATEN FÜR 8 PERSONEN

**Für dieses Raclette brauchst du keinen Raclette-Grill, viele Zutaten oder Zeit. Pellkartoffeln, Käse und Schinken werden auf dem Blech gebacken und direkt aus dem Backofen oder lauwarm mit einem Topping aus Cornichons, Silberzwiebeln und Schnittlauch serviert.**

### ZUTATEN

1,6 kg festkochende Kartoffeln

4 EL neutrales Pflanzenöl, z. B. Rapsöl

½ TL edelsüßes Paprikapulver

Salz, frisch gemahlener schwarzer Pfeffer

100 g roher Schinken, z. B. Schwarzwälder Schinken

250 g Raclette-Käse, in Scheiben

200 g Cornichons

150 g Silberzwiebeln

2–3 EL Schnittlauchröllchen

### AUSSERDEM

Backblech

**Vorbereitung:** Die Kartoffeln am Vortag kochen und pellen (kalt stellen).

**Tipp:** Für die vegetarische Variante den Schinken weglassen und geräuchertes Paprikapulver zum Würzen verwenden.

### ZUBEREITUNG

Die Kartoffeln in Salzwasser garen. Je nach Größe ist die Garzeit unterschiedlich. Sie sind fertig, wenn man mit einer Gabel einfach hineinstechen kann. Die Kartoffeln abgießen, pellen und in mundgerechte Stücke schneiden. Kleinere Kartoffeln können ganz bleiben oder halbiert werden. Den Backofen auf 180 °C (Umluft) vorheizen.

Das Backblech mit Öl einstreichen und die Kartoffeln auf das Backblech legen. Mit Paprikapulver, Salz und Pfeffer würzen. Den Schinken in grobe Stücke zupfen und zwischen den Kartoffeln verteilen. Den Käse in 4–5 cm große Stücke schneiden und auf den Kartoffeln verteilen. Die Kartoffeln auf mittlerer Schiene 30 Minuten überbacken, bis sie goldbraun sind.

Vor dem Servieren die Cornichons und Silberzwiebeln gut abtropfen lassen, einige auf den überbackenen Kartoffeln verteilen und alles mit Schnittlauch bestreuen. Die restlichen Cornichons und Silberzwiebeln dazu servieren.

# Sticky Drumsticks

## SCHARFES HÄHNCHEN MIT GOCHUJANG & HONIG

ZUTATEN FÜR 20 STÜCK

Drumsticks sind das perfekte Fingerfood. Für eine heiße Partystimmung mariniere ich sie mit Gochujang, einer scharfen koreanischen Chilipaste, und Ingwer. Die Gochujang-Paste ist lange haltbar und passt zu vielen anderen Gerichten.

### ZUTATEN

40 g frischer Ingwer
5 Knoblauchzehen
5 EL Sojasauce
4 EL Rapsöl
3 EL geröstetes Sesamöl
3 EL flüssiger Honig
1 EL Reisessig
1 EL Gochujang-Paste (koreanische Chilipaste aus dem asiatischen Supermarkt)
¼ TL Salz
1 Prise frisch gemahlener schwarzer Pfeffer
20 Hähnchenunterkeulen (»Drumsticks«), etwa 2 kg)
2 Frühlingszwiebeln
etwas frisches Koriandergrün und Limettenspalten zum Garnieren

### AUSSERDEM

Backblech, Backpapier

**Vorbereitung:** Das Hähnchen über Nacht im Kühlschrank marinieren und am nächsten Tag backen. Die Drumsticks schmecken warm oder kalt.

**Tipp:** Hähnchenunterkeulen oder -flügel (Chickenwings) aus artgerechter Haltung und in Bioqualität sind im Vergleich zu Filet sehr günstig und eignen sich perfekt als Fingerfood.

### ZUBEREITUNG

Den Ingwer schälen und grob reiben. Die Knoblauchzehen abziehen und ebenfalls grob reiben. Die Sojasauce, Pflanzenöl, Sesamöl, Honig, Reisessig, Gochujang-Paste, Knoblauch, Ingwer, Salz und Pfeffer zu einer Marinade verrühren. Die Hähnchenunterkeulen mit der Marinade vermengen. In ein geschlossenes Gefäß aus Glas oder Plastik geben und mindestens 12 Stunden marinieren.

Den Backofen auf 180 °C (Umluft) vorheizen. Die Hähnchenunterkeulen auf ein Backblech mit Backpapier legen und im Backofen auf mittlerer Schiene 40 Minuten backen.

Die Frühlingszwiebeln in feine Röllchen schneiden. Die Drumsticks vor dem Servieren mit Frühlingszwiebelröllchen, Koriandergrün und Limettenachteln garnieren.

# Mitternachts-suppe

## MIT ZWEIERLEI BOHNEN, TOMATEN & SUCUK

ZUTATEN FÜR 8–10 PERSONEN

**Eine Mitternachtssuppe liefert den extra Energieschub für lange Partynächte. Meine Variante mit Wurst und Bohnen ist reichhaltig, würzig und deftig. Ich serviere die Suppe direkt im Topf und stelle ganz unkompliziert ein paar Schüsseln, Löffel, Feta und Fladenbrot zur Selbstbedienung daneben.**

### ZUTATEN

2 mittelgroße rote Zwiebeln
4–5 Knoblauchzehen
500 g milde Sucuk (türkische Wurst)
4 EL Olivenöl
2 EL Tomatenmark
200 ml trockener Weißwein
800 ml Gemüsefond
1,2 kg stückige Tomaten (Konserve)
500 g passierte Tomaten (Konserve)
2 Lorbeerblätter
2 TL edelsüßes Paprikapulver
1 Msp. Cayennepfeffer
Salz, frisch gemahlener schwarzer Pfeffer
5–6 Stängel frisches Bohnenkraut
400 g grüne TK-Bohnen
1,2 kg schwarze Bohnen aus der Dose (etwa 800 g Abtropfgewicht)
wahlweise: Feta, Schafs- oder Hirtenkäse, Schmand oder Joghurt (10 % Fett) zum Servieren

**Vorbereitung:** Die Suppe am Vortag zubereiten (kalt stellen). Sie schmeckt gut durchgezogen noch besser.

**Tipp:** Die Suppe schmeckt anstatt mit Sucuk auch mit gebratenen Speckwürfeln. Für die vegetarische Variante die Wurst einfach weglassen, die Suppe etwas stärker würzen und geräuchertes Paprikapulver verwenden.

### ZUBEREITUNG

Die Zwiebeln abziehen und fein würfeln. Die Knoblauchzehen abziehen und in feine Scheiben schneiden. Die Sucuk pellen und in 5 mm dünne Scheiben schneiden.

Das Olivenöl in einem großen Topf erhitzen und darin die Sucuk 10 Minuten rundherum bei mittlerer Temperatur anbraten, bis sie leicht gebräunt ist. Dann die Zwiebeln hinzugeben und 2 Minuten weiter anbraten. Nun den Knoblauch in den Topf geben und 2 Minuten weiter anbraten. Das Tomatenmark hinzufügen und 1 Minute anbraten. Alles mit Weißwein ablöschen und den Bratensatz mit einem Pfannenwender oder Kochlöffel vom Topfboden lösen.

Den Gemüsefond, stückige und passierte Tomaten, Lorbeerblätter, Paprikapulver und Cayennepfeffer in den Topf geben. Mit Salz und Pfeffer abschmecken und alles 30 Minuten bei mittlerer Temperatur köcheln lassen. Dabei ab und zu umrühren.

Die Blätter des Bohnenkrauts von den Stängeln zupfen. Die grünen Bohnen kurz abspülen und die schwarzen Bohnen gut abtropfen lassen. Bohnenkraut, grüne und schwarze Bohnen in den Topf geben und 15 Minuten bei mittlerer Temperatur köcheln lassen. Dabei ab und zu umrühren. Die Suppe nochmals mit Salz und Pfeffer abschmecken.

Wahlweise vor dem Servieren etwas zerbröselten Feta, Schmand oder Joghurt auf die Suppe geben.

# Not the wurst

## TARTE TATIN MIT BRATWURST & SAUERKRAUT

**Aus der klassischen französischen Tarte Tatin mit karamellisierten Äpfeln mache ich ein herzhaftes Partygebäck, das die perfekte Grundlage für lange Nächte ist. Würstchen, Sauerkraut und die Zutaten für den Teig sind genauso wie die Zubereitung unkompliziert und einfach.**

ZUTATEN FÜR 1 TARTE

### ZUTATEN FÜR DEN TEIG

150 g kalte Butter
230 g Mehl (Type 405) plus etwas mehr zum Bearbeiten
1 kaltes Ei
½ TL Salz
1 Prise Zucker

### FÜR DEN BELAG

2 mittelgroße rote Zwiebeln
1 EL neutrales Pflanzenöl, z. B. Rapsöl
250 g Nürnberger Rostbratwürstchen
250 g Sauerkraut
1 EL Zucker
Salz, frisch gemahlener schwarzer Pfeffer
etwas frischer Majoran oder Thymian zum Garnieren

### AUSSERDEM

ofenfeste Pfanne (28 cm Durchmesser)

**Vorbereitung:** Die Tarte schmeckt frisch gebacken am besten.

Tipp: Anstatt Nürnberger Rostbratwürsten sind auch andere gebrühte Bratwürste geeignet.

### ZUBEREITUNG

#### ZUBEREITUNG TEIG

Für den Teig die Butter in kleine Würfel schneiden. Zusammen mit dem Mehl, Ei, Salz und Zucker in eine Schüssel geben. Mit den Händen zu einem glatten Teig kneten. Den Teig abgedeckt 30 Minuten in den Kühlschrank stellen.

#### ZUBEREITUNG BELAG

Für den Belag die Zwiebeln abziehen und in 2 cm breite Spalten schneiden. Das Öl in der Pfanne erhitzen und darin die Würstchen bei mittlerer Temperatur 6–7 Minuten anbraten, bis sie von allen Seiten gebräunt sind. Die Zwiebeln hinzugeben und 3 Minuten weiter anbraten. Dann das Sauerkraut hinzugeben und ebenfalls 3 Minuten anbraten. Den Zucker darüberstreuen und 1 Minute karamellisieren.
Die Pfanne von der Kochstelle nehmen und alles mit Salz und Pfeffer abschmecken.

#### WEITERE ZUBEREITUNG

Den Backofen auf 180 °C (Umluft) vorheizen.

Den Teig auf eine bemehlte Arbeitsfläche legen und zu einem Kreis ausrollen. Der Durchmesser sollte etwa 1 cm größer sein als die Pfanne. Nun den Teig auf die Wurst-Zwiebel-Sauerkraut-Mischung legen und die Ränder an den Seiten leicht runterdrücken.

Die Tarte auf mittlerer Schiene im Backofen etwa 40 Minuten goldgelb backen.

Zum Stürzen einen großen Teller auf die Pfanne legen und die Pfanne umdrehen. Mit etwas frischem Majoran oder Thymian garnieren.

# Dips

Diese Dips sind einfach genial und genial einfach! Sie bestehen aus wenigen Zutaten, sind schnell gemacht und schmecken zum Reinlegen gut. Dazu passen Grissini, Gemüsesticks, einfaches Baguette, Ciabatta oder du streichst die Dips direkt auf geröstete Brotscheiben.

ZUTATEN FÜR 6 PERSONEN

**ZUTATEN**

**Dip mit getrockneten Tomaten, Zitrone & Basilikum**

- 150 g weiche, getrocknete Tomaten in Öl
- 1 Handvoll frische Basilikumblätter
- 1 kleine unbehandelte Zitrone
- 300 g Doppelrahmfrischkäse
- 200 g Schmand
- Salz, frisch gemahlener schwarzer Pfeffer

**Dip mit karamellisierten Zwiebeln & Majoran**

- 5 kleine Zwiebeln
- 1 EL Rapsöl
- 1 EL Zucker
- 400 g Schmand
- 2 EL fein gehackter Majoran
- 3 TL grobkörniger Senf
- Salz, frisch gemahlener schwarzer Pfeffer

**Dip mit weißen Bohnen, Paprika & Knoblauch**

- 3 kleine Dosen weiße Bohnen (à 240 g Abtropfgewicht)
- 4 EL Olivenöl
- 1–2 Knoblauchzehen
- ½ unbehandelte Zitrone
- 3 EL Ajvar (Paprikacreme)
- 2 EL fein gehackte glatte Petersilie
- Salz, frisch gemahlener schwarzer Pfeffer

**AUSSERDEM**

- Stabmixer

**Vorbereitung:** Die Dips am Vortag zubereiten (kalt stellen). Die frischen Kräuter erst kurz vor dem Servieren unter den Dip rühren.

Tipp: Dips auf Wraps streichen, zusammenrollen, in Stücke schneiden und mit Zahnstochern feststecken. Wahlweise mit gebratenem Hähnchenfleisch, Gemüse und/oder Salat belegen.

## DIP MIT GETROCKNETEN TOMATEN, ZITRONE & BASILIKUM

### ZUBEREITUNG

Die Tomaten in kleine Stücke schneiden. Das Basilikum fein hacken. Die Schale der Zitrone abreiben. Tomaten, Basilikum und Zitronenschalenabrieb mit dem Frischkäse und Schmand in eine Schüssel geben und alles gut vermengen. Wahlweise 1 EL von dem Öl der eingelegten Tomaten hinzugeben. Mit Salz und Pfeffer abschmecken. (Auf dem Bild im Vordergrund zu sehen.)

## DIP MIT KARAMELLISIERTEN ZWIEBELN & MAJORAN

### ZUBEREITUNG

Die Zwiebeln abziehen, halbieren und dann in feine Scheiben schneiden. Das Öl in einer Pfanne erhitzen und darin die Zwiebeln 15 Minuten bei mittlerer Temperatur rundherum braten, bis sie gebräunt sind. Den Zucker über die Zwiebeln streuen und 2 Minuten karamellisieren. Die Zwiebeln abkühlen lassen und dann fein hacken. Die Zwiebeln mit dem Schmand, Majoran und Senf vermengen. Mit Salz und Pfeffer abschmecken. (Auf dem Bild im Hintergrund links zu sehen.)

## DIP MIT WEISSEN BOHNEN, PAPRIKA & KNOBLAUCH

### ZUBEREITUNG

Die Bohnen gut abtropfen lassen und mit dem Olivenöl in eine Schüssel geben. Die Knoblauchzehen abziehen, fein reiben und zu den Bohnen geben. Alles mit einem Stabmixer fein pürieren. Die Schale der Zitrone abreiben und 2 TL Saft auspressen. Beides mit Ajvar und Petersilie gleichmäßig unter die Masse rühren. Mit Salz und Pfeffer abschmecken. (Auf dem Bild im Hintergrund rechts zu sehen.)

Ich bin raus

# Opulente Outdoor-Feste

**Garten, Park oder Terrasse sind im Frühling und Sommer die perfekte Partylocation. Meine Outdoor-Rezepte lassen sich wunderbar unter freiem Himmel genießen und praktisch mitnehmen.**

# Von der Stange

## GEFÜLLTES BAGUETTE MIT RÄUCHERFORELLE, EI & KRESSE

ZUTATEN FÜR 1 BAGUETTE

**Auf die inneren Werte kommt es an: Für Picknick-Partys ist dieses gefüllte Baguette besonders praktisch, weil sich der Aufstrich im Brot befindet. Die Füllung schmeckt auch mit Schinken, Lachs oder Krabben. Oder du verwendest einen der Dips von Seite 94.**

### ZUTATEN

3 hart gekochte Eier
250 g geräucherte Forellenfilets
1 unbehandelte Zitrone
300 g Doppelrahmfrischkäse
2 EL Mayonnaise
2 EL Tafelmeerrettich
2 Beete Gartenkresse
Salz, frisch gemahlener schwarzer Pfeffer
1 großes Baguette

### AUSSERDEM

Spritzbeutel oder Gefrierbeutel, 4 Zahnstocher

**Vorbereitung:** Die Füllung am Vortag zubereiten (kalt stellen).

Tipp: Wenn du keinen Spritzbeutel hast, die Masse in einen Gefrierbeutel füllen, diesen zusammendrehen und dann die untere Spitze abschneiden.

### ZUBEREITUNG

Die Eier pellen und fein hacken. Forellenfilets in eine Schüssel geben und mit einer Gabel fein zerkleinern. Die Schale der Zitrone abreiben, mit dem Frischkäse, Mayonnaise und Meerrettich zu den Forellenfilets in die Schüssel geben. Alles gut miteinander vermengen. Die Kresse abschneiden, ebenfalls fein hacken und mit den Eiern unter die Frischkäse-Forellen-Masse rühren. Die Masse mit Salz und Pfeffer abschmecken und in einen Spritzbeutel füllen.

Eine Kante vom Baguette abschneiden und das Baguette aushöhlen. Die Masse in das Baguette füllen. Die Kante wieder auf die Öffnung setzen und mit Zahnstochern fixieren.

Das Baguette direkt beim Servieren in Scheiben schneiden.

# Mix it, baby!

## SANDWICHES »GADO-GADO« STYLE

ZUTATEN FÜR 4 SANDWICHES

Gado-Gado ist ein Gericht aus Indonesien und bedeutet Mischmasch. Für die Outdoor-Party-taugliche Variante kommt der Salat aus blanchiertem Gemüse mit Erdnusssauce, gebratenem Tempeh und Ei bei mir auf ein praktisches Sandwich.

### ZUTATEN FÜR DIE SAUCE

1 große Schalotte
3 Knoblauchzehen
25 g frischer Ingwer
2 EL neutrales Pflanzenöl, z. B. Rapsöl
2 gehäufte EL Erdnussbutter
2 EL Sojasauce
2 TL brauner Zucker
1 TL Tamarindenpaste (aus dem asiatischen Supermarkt)
1 Prise Chiliflocken (ohne Kerne)

### FÜR DEN BELAG

150 g Spitzkohl (Gewicht ohne Strunk)
1 große Karotte
Salz
100 g Mungobohnensprossen
¼ Salatgurke
4 wachsweich gekochte Eier
400 g Tempeh
3 EL neutrales Pflanzenöl, z. B. Rapsöl

### WEITERE ZUTATEN

4 Baguette-Brötchen mit Sesam
4 EL Mayonnaise
2–3 Prisen Chiliflocken
4 Handvoll Krupuk (Krabbenchips)

### AUSSERDEM

Küchenpapier

**Vorbereitung:** Die einzelnen Komponenten für das Sandwich am Vortag zubereiten (separat kalt stellen). Das Sandwich erst am Partytag belegen, damit es nicht durchweicht.

Tipp: Die säuerliche Tamarindenpaste ist eine beliebte Zutat in vielen Länderküchen, z. B. in Indonesien, Thailand oder Indien. Tamarinde eignet sich für süße und herzhafte Gerichte. Tempeh gibt es im asiatischen oder Bio-Supermarkt.

### ZUBEREITUNG

#### ZUBEREITUNG SAUCE

Für die Sauce die Schalotte abziehen und fein würfeln. Den Knoblauch abziehen, den Ingwer schälen und beides grob reiben. Das Pflanzenöl in einer Pfanne erhitzen und darin die Schalotte, Knoblauch und Ingwer 2 Minuten bei mittlerer Temperatur anbraten. Die Erdnussbutter hinzugeben und 1 Minute weiter anbraten. Mit Sojasauce ablöschen. 6 EL Wasser, Zucker, Tamarindenpaste und Chiliflocken unterrühren. Die Sauce abkühlen lassen.

#### ZUBEREITUNG BELAG

Den Spitzkohl in 3–4 cm große Stücke schneiden. Die Karotte schälen und in schräge, 3 mm dünne Scheiben schneiden. Einen großen Topf mit Salzwasser aufsetzen und zum Kochen bringen. Die Karotte in das Wasser geben und 1 Minute garen, dann den Spitzkohl hinzugeben und 1 weitere Minute garen. Zum Schluss die Mungobohnensprossen in den Topf geben und 30 Sekunden weiterkochen. Das Gemüse abgießen und sofort in eine Schüssel mit sehr kaltem Wasser geben. Das Gemüse etwa 1 Minute im Wasser liegen und dann gut abtropfen lassen. Das Gemüse ggf. mit Küchenpapier trockentupfen und leicht salzen.

Während das Gemüse gart, die Gurke in feine Scheiben schneiden. Die Eier pellen und in Scheiben schneiden.

Das Tempeh in 1 cm dünne Scheiben schneiden. Pflanzenöl in einer Pfanne erhitzen. Das Tempeh darin 2–3 Minuten bei mittlerer Temperatur von beiden Seiten anbraten, bis es knusprig ist. Das Tempeh aus der Pfanne nehmen und auf Küchenpapier abtropfen lassen. Das Tempeh leicht salzen.

#### WEITERE ZUBEREITUNG

Die Brötchen aufschneiden und auf beiden Seiten mit der Sauce und der Mayonnaise bestreichen. Die unteren Brötchenhälften mit dem Gemüse, Gurke, Tempeh und Eiern belegen. Mit Chiliflocken bestreuen und die oberen Brötchenhälften daraufsetzen. Das Krupuk zu den Sandwiches servieren.

# Fenchel-Börek

## MIT OLIVEN & ORANGE

Fenchel und Orange sind ein echtes Dream-Team und zusammen mit schwarzen Oliven in der saftigen Füllung ein unschlagbares Trio. Ganz klassisch kommen in den Blätterteig-Börek außerdem Schafskäse, Zwiebeln und Knoblauch.

ZUTATEN FÜR 20 STÜCK

### ZUTATEN

400 g Gemüsefenchel
1 mittelgroße Zwiebel
2 Knoblauchzehen
4 EL Olivenöl
1 TL flüssiger Honig
Salz, frisch gemahlener schwarzer Pfeffer
100 g schwarze Oliven (ohne Stein), ungeschwärzt
1 kleine unbehandelte Orange
200 g Feta oder Hirtenkäse
1 Ei
100 ml Milch
2 Pakete Blätterteig (Kühlregal, à 275 g)
1 Eigelb
1 EL helle Sesamsamen
1 TL Schwarzkümmelsamen

### AUSSERDEM

Auflaufform (25 × 20 cm), Backpapier

**Vorbereitung:** Den Börek am Vortag zubereiten (kalt stellen). Er schmeckt warm und kalt.

Tipp: Für die praktische Fingerfood-Variante die einzelnen Börek-Stücke in Papier-Muffinförmchen servieren.

### ZUBEREITUNG

Den Gemüsefenchel vierteln und den Strunk entfernen. Die Zwiebel und den Knoblauch abziehen. Fenchel, Zwiebel und Knoblauch in 2–3 mm dünne Scheiben schneiden. 2 EL Olivenöl in einer großen Pfanne erhitzen und darin den Fenchel, Zwiebel und Knoblauch bei mittlerer Temperatur etwa 10 Minuten anschwitzen – das Gemüse sollte nicht braun werden. Honig hinzugeben und gut umrühren. Alles mit Salz und Pfeffer abschmecken und lauwarm abkühlen lassen.

Währenddessen die Oliven grob hacken. Die Schale der Orange fein abreiben. Den Käse mit den Händen fein zerbröseln. Ei verquirlen und mit der Milch vermischen. Für den Belag die Milch-Eier-Mischung mit dem Fenchel, Zwiebel, Knoblauch, Oliven, Orangenschale und Käse vermengen. Den Belag mit Salz und Pfeffer würzen.

Den Backofen auf 180 °C (Umluft) vorheizen. Die Auflaufform mit Backpapier auslegen.

Die Blätterteigplatten quer halbieren.

Eine Lage Blätterteig in die Auflaufform legen, mit 1 EL Olivenöl einpinseln und eine weitere Lage darauflegen. Dann den Belag auf dem Teig verteilen. Eine weitere Lage Teig auf den Belag legen, mit 1 EL Olivenöl bepinseln und eine weitere Lage Teig darauflegen.

Eigelb verquirlen und die obere Teiglage damit einstreichen. Die Sesam- und Schwarzkümmelsamen daraufstreuen. Den Börek 40 Minuten auf mittlerer Schiene im Backofen backen, bis er leicht gebräunt ist. Vor dem Servieren in 20 gleich große Stücke schneiden.

# Lahmacun Bites

Lahmacun ist auch als »türkische Pizza« bekannt. Ich schneide die Lahmacun in handliche Quadrate und belege sie dann wie ein Sandwich mit Gurken, Salat, Zwiebeln und Käse.

ZUTATEN FÜR 20 STÜCK

**ZUTATEN**

**FÜR DEN TEIG**

500 g Mehl (Type 405)
1 Päckchen Trockenhefe (7 g)
½ TL Zucker
¼ TL Salz

**FÜR DEN BELAG**

300 g rote Spitzpaprika
150 g grüne Spitzpaprika
2 Strauchtomaten
1 große rote Zwiebel
3–4 Knoblauchzehen
300 g Rinderhackfleisch
3 gehäufte EL milde Paprikapaste)
2 gehäufte EL Tomatenmark
2 gehäufte TL gemahlener Kreuzkümmel
je 1 gehäufter TL gemahlener Koriander, edelsüßes Paprikapulver und Sumach
1 TL Salz
¼ TL frisch gemahlener schwarzer Pfeffer
je 2 Prisen Zimt und Chiliflocken (ohne Kerne)
1 kleiner Romanasalat
1 große, rote Zwiebel
½ Salatgurke
150 g Weißkäse oder Feta
30 g frisch gehackte Petersilie

**AUSSERDEM**

Blitzhacker, 2 Backbleche, Backpapier

**Vorbereitung:** Die Lahmacun am Vortag zubereiten (kalt stellen). Am Partytag in Stücke schneiden und belegen.

Tipp: Als Alltagsgericht die Lahmacun ganz lassen und die Füllung zum Selbstbelegen dazu servieren. Die Paprikapaste und Gewürze sind im türkischen Supermarkt erhältlich.

## ZUBEREITUNG

### ZUBEREITUNG TEIG

Für den Teig das Mehl mit der Trockenhefe, Zucker, Salz und 270 ml lauwarmem Wasser in eine Schüssel geben und mit den Händen zu einem glatten Teig verkneten. Den Teig 1 Stunde an einem warmen Ort gehen lassen.

### ZUBEREITUNG BELAG

Die Paprika halbieren, die Kerne und die Stege entfernen und die Paprika in 2 cm große Stücke schneiden. Bei den Tomaten den Stielansatz und die Kerne entfernen und die Tomaten in grobe Würfel schneiden. Die Zwiebel abziehen und grob würfeln. Die Knoblauchzehe abziehen und in feine Scheiben schneiden. Paprika, Tomaten, Zwiebel und Knoblauch portionsweise mit dem Blitzhacker fein zerkleinern.

Dann Rinderhack, Paprikapaste, Tomatenmark, Kreuzkümmel, Koriander, Paprikapulver, Sumach, Salz, Pfeffer, Zimt und Chiliflocken in den Blitzhacker geben und alles portionsweise fein zerkleinern.

Zerkleinertes Gemüse und Rinderhack in eine Schüssel geben und gleichmäßig vermengen.

### WEITERE ZUBEREITUNG

Den Backofen auf 250 °C (Umluft) vorheizen. Zwei Backbleche mit Backpapier auslegen.

Den Teig in zwei gleich große Portionen aufteilen. Jede Portion zu einem Rechteck mit 35 × 40 cm ausrollen. Die Fladen auf die Backbleche legen. Die Gemüse-Rinderhack-Masse gleichmäßig auf den Teigfladen verteilen.

Die Lahmacuns gleichzeitig im Backofen auf der mittleren Schiene 20–25 Minuten backen.

Den Romanasalat mit den Fingern in mundgerechte Stücke zupfen. Die rote Zwiebel abziehen und in feine Ringe schneiden. Die Gurke in feine Scheiben schneiden. Den Käse grob zerbröseln.

Aus jeder Lahmacun 20 gleich große Quadrate schneiden. Je ein Quadrat mit Salat, Zwiebelringen, Gurkenscheiben, Käse und Petersilie belegen und mit einem weiteren Quadrat zusammenklappen.

# Rote-Bete-Limonade

## MIT HIBISKUS & ROSENWASSER

ZUTATEN FÜR ETWA 1 L

**Wenn es rote Rosen regnet, mach doch einfach Limonade draus. Zusammen mit Rote Bete und Hibiskus wird daraus ein alkoholfreier, erfrischender Drink (siehe Bild Seite 104 unten rechts).**

### ZUTATEN

500 ml Rote-Bete-Saft
4 EL Hibiskus-Sirup
4 EL Rosenwasser
2 EL Limetten- oder Zitronensaft
Eiswürfel
500 ml Wild-Berry-Limonade
wahlweise für die Garnitur: frische Himbeeren, Limettenscheiben (von unbehandelten Limetten), essbare Rosenblätter

**Vorbereitung:** Die Zutaten schon am Vortag kalt stellen.

**Tipp:** Anstatt mit Eiswürfeln die Limonade mit gefrorenen Himbeeren servieren, das schmeckt super und sorgt gleichzeitig für Abkühlung.

### ZUBEREITUNG

Den Rote-Bete-Saft mit Hibiskus-Sirup, Rosenwasser und Limettensaft verrühren. Die Eiswürfel in eine große Karaffe geben und die Rote-Bete-Hibiskus-Mischung hineingeben. Mit der Wild-Berry-Limonade aufgießen und sofort servieren. Nach Wunsch mit frischen Himbeeren, Limettenscheiben und essbaren Rosenblättern garnieren.

# Voll von der Rolle

## WRAPS MIT PULLED CHICKEN, ROTKOHL & SESAM-DRESSING

ZUTATEN FÜR 16 STÜCK

**Rock 'n' Roll it! Knackiger Rotkohlsalat und saftiges Pulled Chicken sind, praktisch in Wraps verpackt, ideal für Picknicks und Outdoor-Feste. Für Veggies ersetze ich das Hähnchen durch gebratenen Halloumi oder pflanzliche Pulled-Meat-Alternativen.**

### ZUTATEN

- 1 l Geflügel- oder Gemüsefond
- 4 große Hähnchenbrustfilets (à etwa 190–200 g)
- 500 g Rotkohl (Gewicht ohne Strunk)
- 2 Frühlingszwiebeln
- 1 unbehandelte Zitrone
- 4 EL Schmand
- 2 EL Mayonnaise
- 1 gehäufter EL Tahini (Sesampaste)
- 1 EL geröstetes Sesamöl
- 1 EL flüssiger Honig
- 4 Prisen Chiliflocken (ohne Kerne)
- Salz, frisch gemahlener schwarzer Pfeffer
- 1 EL neutrales Pflanzenöl, z. B. Rapsöl
- 8 Weizen-Wraps (etwa 25 cm Durchmesser)
- 50 g frisches Koriandergrün oder Rucola

**Vorbereitung:** Den Salat und das Hähnchen am Vortag zubereiten (kalt stellen). Die Wraps erst am Partytag rollen, damit sie nicht durchweichen.

Tipp: Den Fond nicht weggießen, sondern als Basis für Suppen oder Saucen verwenden.

### ZUBEREITUNG

Den Fond in einem mittelgroßen Topf erhitzen, bis er kurz vor dem Siedepunkt ist. Die Hähnchenbrustfilets hineinlegen und 15 Minuten bei niedriger Temperatur gar ziehen lassen. Die Filets aus dem Topf nehmen und abkühlen lassen.

Den Rotkohl in möglichst feine Streifen schneiden. Die Frühlingszwiebeln putzen und in feine Ringe schneiden.

Für das Sesam-Dressing die Schale von der Zitrone fein abreiben und den Saft auspressen. Den Zitronenschalenabrieb mit dem Schmand, Mayonnaise, Tahini, Sesamöl, Honig, 2 Prisen Chiliflocken und Zitronensaft verrühren. Mit Salz und Pfeffer abschmecken.

Den Rotkohl mit dem Dressing und den Frühlingszwiebeln vermengen.

Die Hähnchenbrustfilets mit den Händen in Richtung der Fasern zerrupfen. Das Hähnchenfleisch mit dem Öl und 2 Prisen Chiliflocken vermischen. Mit Salz und Pfeffer abschmecken.

Die Wraps mit dem Rotkohl, Hähnchenfleisch und Koriander bzw. Rucola belegen. Dann zur Hälfte einrollen, die Seiten nach innen einklappen und weiter zusammenrollen. Die Wraps schräg in der Mitte durchschneiden.

PARTY

# Kokos-Pfannenbrote
## MIT CHILI-TOMATEN-FÜLLUNG

ZUTATEN FÜR 10 STÜCK

Pol Roti kenne ich aus Sri Lanka. Die Kokosbrote sind dort eine beliebte Beilage. Ich fülle die Brote mit einer Paste aus Tomaten, Chili, Ingwer und Garam Masala, einer indischen Gewürzmischung. So wird daraus ein handlicher Snack (Bild siehe Seite 112 oben rechts).

### ZUTATEN FÜR DIE FÜLLUNG

2 mittelgroße rote Zwiebeln
2 mittelgroße Strauchtomaten
2 Knoblauchzehen
1 TL frischer Ingwer, geschält und grob gerieben
2 EL neutrales Pflanzenöl, z. B. Rapsöl
2 EL Zucker
1 EL Tomatenmark
1 TL Garam Masala (indische Gewürzmischung)
½ TL Chiliflocken (ohne Kerne)
Salz, frisch gemahlener schwarzer Pfeffer

### FÜR DEN TEIG

300 g Mehl (Type 405) plus etwas mehr zum Bearbeiten
80 g getrocknete Kokosraspel
1 gestrichener TL Salz
1 Prise Zucker
5–6 EL neutrales Pflanzenöl, z. B. Rapsöl

### AUSSERDEM

Küchenpapier

**Vorbereitung:** Die Gewürzpaste am Vortag zubereiten (kalt stellen).

Tipp: Für eine noch schnellere Variante die Brote mit einem fertigen Chutney aus dem Glas füllen.

### ZUBEREITUNG

#### ZUBEREITUNG FÜLLUNG

Die Zwiebeln abziehen und fein würfeln. Bei den Tomaten den Stielansatz und die Kerne entfernen und die Tomaten in 5 mm kleine Würfel schneiden. Den Knoblauch abziehen und grob reiben. Das Öl in einer Pfanne erhitzen und darin die Zwiebeln 4–5 Minuten bei mittlerer Temperatur anbraten, bis sie gebräunt sind. Ingwer mit dem Knoblauch hinzugeben und 1 Minute weiter anbraten. Den Zucker und das Tomatenmark hinzugeben und 1 Minute karamellisieren. Die Tomaten, Garam Masala und Chiliflocken in die Pfanne geben, gut umrühren und alles 2 Minuten bei mittlerer Temperatur weiterbraten. Mit Salz und Pfeffer abschmecken. Die Füllung abkühlen lassen.

#### ZUBEREITUNG TEIG

Für den Teig das Mehl mit den Kokosraspeln, 180 ml Wasser, Salz und Zucker in eine Schüssel geben. Alles gut verkneten, bis ein geschmeidiger Teig entstanden ist.

#### WEITERE ZUBEREITUNG

Aus dem Teig 20 Kugeln formen und diese zu Fladen mit etwa 10 cm Durchmesser ausrollen. Auf einen Fladen 2 TL Füllung geben und einen zweiten Fladen darauflegen. Die Ränder gut mit den Fingern zusammendrücken, damit keine Füllung austritt. Außerdem darauf achten, dass sich keine Luft zwischen den Teigfladen befindet.

3 EL Öl in einer Pfanne erhitzen und darin die Fladen von jeder Seite 3–4 Minuten braten. Bei Bedarf weiteres Öl zwischen den Bratvorgängen hinzufügen. Die fertigen Brote auf Küchenpapier abtropfen lassen.

# Knusprige Samosas

## MIT TOMATEN, KARTOFFELN & VANILLE MIT KORIANDER-DIP

ZUTATEN FÜR 40 STÜCK

**Samosas werden unter anderem in Indien als Streetfood-Snack gegessen. Mit einer saftigen Füllung und knusprigen Hülle aus Filoteig sind die Teigtaschen das perfekte Fingerfood. Die Zubereitung im Backofen spart Zeit und ist weniger fettig als die frittierte Variante (Bild siehe Seite 112 unten links).**

### ZUTATEN FÜR DIE SAMOSAS

500 g gegarte Pellkartoffeln
300 g reife Strauchtomaten
2 große Schalotten
2 EL neutrales Pflanzenöl, z. B. Rapsöl
2 TL frischer Ingwer, geschält und grob gerieben
½ EL Tomatenmark
1 Vanilleschote
2 Prisen Chiliflocken (ohne Kerne)
Salz, frisch gemahlener Pfeffer
250 g Filoteig, 10 Teigblätter (je etwa 30 × 30 cm)
70 ml neutrales Pflanzenöl, z. B. Sonnenblumenöl

### FÜR DEN KORIANDER-DIP

etwa 15 g Koriander
1 unbehandelte Limette
1 kleine Schalotte
50 ml Reisessig
80 ml neutrales Pflanzenöl, z. B. Sonnenblumenöl
4 EL Agavendicksaft
Salz, frisch gemahlener Pfeffer

### AUSSERDEM

2 Backbleche, Backpapier

**Vorbereitung:** Die Füllung am Vortag zubereiten (kalt stellen) und die Samosas am nächsten Tag füllen.
**Tipp:** Fürs Picknick den Dip in einem Schraubglas mitnehmen und vor dem Servieren nochmals gut durchschütteln.

### ZUBEREITUNG

#### ZUBEREITUNG SAMOSAS

Für die Samosas die Kartoffeln pellen. Bei den Tomaten den Stielansatz und die Kerne entfernen und die Tomaten mit den Kartoffeln in 1 cm kleine Würfel schneiden. Die Schalotten abziehen und fein würfeln. Das Öl in einer Pfanne erhitzen und darin die Schalotten etwa 2 Minuten bei mittlerer Temperatur glasig anschwitzen. Die Tomaten, Tomatenmark und Ingwer hinzugeben und alles 5 Minuten anbraten. Dabei ab und zu umrühren. Das Mark der Vanilleschote herauskratzen. Das Vanillemark, Kartoffeln und die Chiliflocken in die Pfanne geben und gut vermengen. 3 Minuten weiter anbraten. Alles mit Salz und Pfeffer abschmecken und abkühlen lassen.

Den Backofen auf 180 °C (Umluft) vorheizen. Die Backbleche mit Backpapier auslegen.

Die Filoteigblätter auf der Arbeitsfläche nebeneinanderlegen. Den Teig mit einer Küchenschere oder einem sehr scharfem Messer in 7,5 cm breite Streifen schneiden. Die Teigstreifen gleichmäßig mit Öl einpinseln. Für einen Samosa je 1 gehäuften TL Füllung in die obere Ecke eines Teigstreifens geben und nach innen dreieckig umklappen. Immer weiter nach innen einklappen, sodass eine Teigtasche entsteht. Die Teigtaschen rundherum mit Öl einpinseln. Die Teigtaschen nebeneinander mit der offenen Seite nach unten auf die Backbleche mit Backpapier legen.

Die Samosas im Backofen 30–35 Minuten backen, bis sie goldbraun und knusprig sind.

#### ZUBEREITUNG DIP

Für den Dip den Koriander fein hacken. Die Schale von der Limette fein abreiben und den Saft auspressen. Die Schalotte abziehen und möglichst fein würfeln. Reisessig, Öl, Agavendicksaft und Limettensaft miteinander verrühren. Dann den Koriander, Limettenschalenrabrieb und Schalotte unterrühren. Mit Salz und Pfeffer abschmecken.

Den Dip separat zu den Samosas servieren.

# Mini-Focaccia

## MIT PECORINO & HIMBEEREN

Bei den Focaccias im Snackformat ist für jeden was dabei: Ob vegan, vegetarisch oder mit Fleisch – es bleiben keine Wünsche offen. Als neutrale Beilage den Belag einfach weglassen und die Focaccia nur mit Olivenöl beträufeln und salzen.

ZUTATEN FÜR 6 STÜCK

### ZUTATEN

500 g Mehl (Type 405)
1 Päckchen Trockenhefe (7 g)
1 gestrichener TL Salz
1 gestrichener TL Zucker
70 ml Olivenöl plus 2 EL zum Beträufeln
1 EL frischer gehackter Thymian
100 g junger Pecorino
120 g frische Himbeeren
3 TL rosa Pfefferbeeren
1–2 Prisen grobes Meersalz

### AUSSERDEM

Backpapier, Backblech

**Vorbereitung:** Frisch – egal ob kalt oder warm – schmecken die Focaccias am besten.

Tipp: Ganz klassisch schmecken die Focaccias auch mit Oliven oder getrockneten Tomaten.

### ZUBEREITUNG

Das Mehl mit der Hefe, Salz, Zucker, 70 ml Olivenöl, Thymian und 250 ml lauwarmem Wasser in eine Schüssel geben. Alles gut mit den Händen verkneten, bis ein glatter Teig entstanden ist. Den Teig mindestens 1 Stunde abgedeckt an einem warmen Ort gehen lassen.

Den Backofen auf 200 °C (Umluft) vorheizen. Ein Backblech mit Backpapier auslegen oder gut einfetten.

Den Teig in sechs Portionen aufteilen. Aus jeder Portion einen Fladen von etwa 15 × 10 cm formen. Die Teigfladen auf das Backblech legen. Mit den Fingern einige Vertiefungen in den Teig drücken und gleichmäßig mit 2 EL Olivenöl beträufeln.

Den Pecorino in 1–2 cm kleine Stücke zerbrechen. Den Pecorino und die Himbeeren auf den Teigfladen verteilen und leicht hineindrücken. Mit rosa Pfefferbeeren und Meersalz bestreuen.

Die Focaccias im Backofen auf mittlerer Schiene 35–40 Minuten goldgelb backen.

## MIT TRAUBEN & SALSICCIA

ZUTATEN FÜR 6 STÜCK

**ZUTATEN**

500 g Mehl (Type 405)
1 Päckchen Trockenhefe (7 g)
1 gestrichener TL Salz
1 gestrichener TL Zucker
70 ml Olivenöl plus 2 EL zum Beträufeln
1 EL frischer gehackter Rosmarin
180 g Salsiccia (italienische Wurst)
170 g rote Weintrauben
2–3 Prisen frisch gemahlener schwarzer Pfeffer

**AUSSERDEM**

Backpapier, Backblech

**ZUBEREITUNG**

Das Mehl mit der Hefe, Salz, Zucker, 70 ml Olivenöl, Rosmarin und 250 ml lauwarmem Wasser in eine Schüssel geben. Alles gut mit den Händen verkneten, bis ein gleichmäßiger Teig entstanden ist. Den Teig mindestens 1 Stunde abgedeckt an einem warmen Ort gehen lassen.

Den Backofen auf 200 °C (Umluft) vorheizen. Ein Backblech mit Backpapier auslegen oder gut einfetten.

Den Teig in sechs Portionen aufteilen. Aus jeder Portion einen Fladen von etwa 15 × 10 cm formen. Die Teigfladen auf das Backblech legen. Mit den Fingern einige Vertiefungen in den Teig drücken und gleichmäßig mit 2 EL Olivenöl beträufeln.

Die Salsiccia aus der Pelle drücken und in 1–2 cm kleine Stücke zupfen. Die Salsiccia und die Trauben auf dem Teig verteilen und leicht hineindrücken. Mit Pfeffer bestreuen.

Die Focaccias im Backofen auf mittlerer Schiene 35–40 Minuten goldgelb backen.

# MIT SHIITAKE & ROTEN ZWIEBELN

ZUTATEN FÜR 6 STÜCK

**ZUTATEN**

500 g Mehl (Type 405)
1 Päckchen Trockenhefe (7 g)
1 gestrichener TL Salz
1 gestrichener TL Zucker
70 ml Olivenöl
plus 2 EL zum Beträufeln
100 g frische Shiitake
2 kleine rote Zwiebeln
1 EL helle Sesamsamen
2–3 Prisen grobes Meersalz

**AUSSERDEM**

Backpapier, Backblech

## ZUBEREITUNG

Das Mehl mit der Hefe, Salz, Zucker, 70 ml Olivenöl und 250 ml lauwarmem Wasser in eine Schüssel geben. Alles gut mit den Händen verkneten, bis ein glatter Teig entstanden ist. Den Teig mindestens 1 Stunde abgedeckt an einem warmen Ort gehen lassen.

Den Backofen auf 200 °C (Umluft) vorheizen. Ein Backblech mit Backpapier auslegen oder gut einfetten.

Den Teig in sechs Portionen aufteilen. Aus jeder Portion einen Fladen von etwa 15 × 10 cm formen. Die Teigfladen auf das Backblech legen. Mit den Fingern einige Vertiefungen in den Teig drücken und gleichmäßig mit 2 EL Olivenöl beträufeln.

Die Shiitake in 1 cm dünne Scheiben schneiden. Die Zwiebeln abziehen und in 2–3 mm dünne Ringe schneiden. Die Shiitake und Zwiebeln auf den Teigfladen verteilen und leicht hineindrücken. Mit Sesam und Meersalz bestreuen.

Die Focaccias im Backofen auf mittlerer Schiene 35–40 Minuten goldgelb backen.

# Pronto, Party

# Feiern mit Konserve, Tiefkühlkost & Co.

**Feier die Feste doch einfach, wie sie fallen! Diese Leckereien zauberst du blitzschnell, einfach und unkompliziert mit Zutaten aus deinem Vorratsschrank.**

# Tempo-Tomatensuppe MIT GIN

ZUTATEN FÜR 8 PERSONEN

**Mit etwas Apfelmus und Gin wird aus einer einfachen Tomatensuppe ein echter Partyhit. Je nach Zeit und was der Vorrat hergibt, serviere ich die Suppe mit Basilikum, Koriandergrün, Schmand, fein gewürfelter Salatgurke, gebratenen Garnelen- oder Hähnchenspießen.**

**ZUTATEN**

2 große Zwiebeln
3–4 Knoblauchzehen
4 EL Olivenöl
2 EL Tomatenmark
150 ml Gin
1 Zweig frischer Rosmarin
1,5 kg passierte Tomaten (Konserve)
800 g stückige Tomaten (Konserve)
400 ml Gemüsefond
350 g ungezuckertes Apfelmus
2 Lorbeerblätter
2 Msp. Cayennepfeffer
Salz, frisch gemahlener schwarzer Pfeffer

Tipp: Für schnelle Brotchips altbackenes Brot in 2–3 mm dünne Scheiben schneiden, mit Olivenöl beträufeln, leicht salzen und auf Backblech mit Backpapier legen. 15–20 Minuten bei 180 °C im Backofen auf mittlerer Schiene knusprig backen.

**ZUBEREITUNG**

Die Zwiebeln abziehen und würfeln. Die Knoblauchzehen abziehen und in feine Scheiben schneiden. Das Olivenöl in einem großen Topf erhitzen und darin die Zwiebeln bei mittlerer Temperatur 2 Minuten glasig anschwitzen. Den Knoblauch hinzugeben und 2 Minuten weiter anschwitzen. Das Tomatenmark hinzugeben und 1 Minute anbraten. Alles mit Gin ablöschen.

Den Rosmarinzweig kurz durchkneten und zusammen mit den passierten und stückigen Tomaten, Gemüsefond, Apfelmus, Lorbeerblättern und Cayennepfeffer in den Topf geben. Gut umrühren und mit Salz und Pfeffer abschmecken.

Die Suppe mit geschlossenem Deckel 30 Minuten bei mittlerer Temperatur köcheln lassen.

Das Lorbeerblatt und den Rosmarinzweig vor dem Servieren aus der Suppe nehmen und die Suppe wahlweise mit Brotchips oder Toppings servieren.

# Kokos-Himbeer-Tarte

ZUTATEN FÜR 1 TARTE

**Die Kokos-Himbeer-Tarte ist in nur 10 Minuten vorbereitet und fertig für den Backofen. Großes Backtalent ist nicht erforderlich, weil der Boden aus fertigem Blätterteig besteht.**

### ZUTATEN

275 g Blätterteig (Fertigprodukt, TK oder Kühlregal)

4 Eier

250 ml Kokosmilch

80 g Zucker

1 Päckchen Bourbon-Vanillezucker

1 Prise Salz

400 g TK-Himbeeren

40 g Mandelblättchen

### AUSSERDEM

Tarteform (28 cm Durchmesser), Backpapier

Tipp: Die Tarte schmeckt auch mit anderen tiefgefrorenen Früchten, z. B. Blaubeeren, Johannisbeeren oder einer Beerenmischung.

### ZUBEREITUNG

Den Blätterteig ggf. auftauen lassen. Den Backofen auf 180 °C (Umluft) vorheizen. Die Tarteform mit Backpapier auslegen und den Boden und Rand der Tarte mit einer Schicht Blätterteig auslegen.

Die Eier in einer Schüssel mit einem Schneebesen verquirlen. Kokosmilch, Zucker, Vanillezucker und Salz gleichmäßig unterrühren. Die Himbeeren auf dem Blätterteig verteilen und die Eier-Kokosmilch-Mischung darübergießen. Die Mandelblättchen auf die Tarte streuen.

Die Tarte 40–45 Minuten auf der mittleren Schiene im Backofen backen.

# Blitz-Blumenkohlsalat

## MIT FRITTIERTEN KAPERN

ZUTATEN FÜR 8 PERSONEN

Der Blumenkohlsalat kommt bei mir gerne auf den Tisch, wenn es schnell gehen muss. Er passt zu vielen anderen Gerichten und lässt sich kreativ mit anderen Zutaten aus dem Vorratsschrank kombinieren.

### ZUTATEN

1 kg TK-Blumenkohlröschen
150 ml neutrales Pflanzenöl, z. B. Rapsöl
80 g eingelegte Kapern
200 g Schmand
50 g Mayonnaise
4 EL Weißweinessig
1 EL grobkörniger Senf
2 Prisen Zucker
2 EL fein gehackter Dill
Salz, frisch gemahlener schwarzer Pfeffer

### AUSSERDEM

Küchenpapier

Tipp: Als Variante die Hälfte des Blumenkohls durch Pellkartoffeln ersetzen oder den Salat mit Räucherforelle, Räucherlachs oder gebratenen Schinkenwürfeln verfeinern. Anstatt mit Dill schmeckt das Dressing auch mit Petersilie, Schnittlauch oder Frühlingszwiebeln.

### ZUBEREITUNG

Blumenkohl auftauen lassen. Für die frittierten Kapern das Öl in einer kleinen Pfanne oder Topf erhitzen. Die Kapern mit Küchenpapier trockentupfen und vorsichtig in das heiße Fett geben. Die Kapern 1 Minute knusprig frittieren, herausnehmen und auf Küchenpapier abtropfen lassen.

Für das Dressing den Schmand, Mayonnaise, Weißweinessig, Senf, Zucker und Dill verrühren. Das Dressing mit Salz und Pfeffer abschmecken. Den Blumenkohl mit den Kapern und Dressing vermengen und den Salat nochmals mit Salz und Pfeffer abschmecken.

# Cornfritters

## MIT CHIPOTLE-DIP

Für Maispuffer brauchst du nur wenige Zutaten aus dem Küchenvorrat. Ein passender Dip ist schnell zusammengerührt. Wenn fürs Selbermachen keine Zeit ist, schmecken die Cornfritters auch einfach pur oder mit Chilisauce aus der Flasche.

ZUTATEN FÜR 12 STÜCK

**ZUTATEN FÜR DIE CORNFRITTERS**

- 1 Frühlingszwiebel oder 2 EL Schnittlauchröllchen (frisch oder tiefgekühlt)
- 1 Dose Mais (etwa 300 g Abtropfgewicht)
- 125 g Mehl (Type 405)
- 1 gestrichener TL Backpulver
- ¼ TL Salz
- 1 Prise frisch gemahlener schwarzer Pfeffer
- 2 Eier
- 75 ml Buttermilch oder Milch
- 4–5 EL neutrales Pflanzenöl, z. B. Rapsöl

**FÜR DEN DIP**

- 4 EL saure Sahne, Schmand oder Crème fraîche
- 2 EL Mayonnaise
- 1 TL flüssiger Honig
- ¼ TL Chipotle-Chilipulver (mild) oder weniger nach gewünschtem Schärfegrad
- Salz, frisch gemahlener schwarzer Pfeffer

Tipp: Das Chipotle-Chilipulver durch geräuchertes Paprikapulver ersetzen. Es schmeckt aber auch mit einfachem Paprika-, Chili- oder Currypulver. Mit Buttermilch werden die Fritters softer und fluffiger, sie schmecken aber auch mit normaler Milch.

### ZUBEREITUNG

#### ZUBEREITUNG CORNFRITTERS

Die Frühlingszwiebel putzen und fein hacken. Die Maiskörner sehr gut abtropfen lassen und dann mit der Frühlingszwiebel vermengen. Das Mehl mit dem Backpulver, Salz und Pfeffer in einer Schüssel vermengen. In einer weiteren Schüssel die Eier mit einem Schneebesen verschlagen und dann die Buttermilch unterrühren. Das Mehl nach und nach mit dem Schneebesen unter die Eier-Buttermilch-Mischung rühren, bis eine gleichmäßige Masse entstanden ist. Die Maiskörner und Frühlingszwiebel in die Masse mischen und 10 Minuten ruhen lassen.

#### ZUBEREITUNG DIP

Währenddessen den Dip zubereiten. Dafür die saure Sahne mit der Mayonnaise, Honig und Chipotle-Chilipulver vermengen. Den Dip mit Salz und Pfeffer abschmecken.

#### WEITERE ZUBEREITUNG

3 EL Öl in einer großen Pfanne erhitzen und für einen Cornfritter je 1 EL Teig in die Pfanne geben. Die Cornfritters von jeder Seite etwa 5 Minuten bei mittlerer Temperatur braten, bis sie goldbraun sind. Zwischen den einzelnen Bratvorgängen weiteres Öl nach Bedarf in die Pfanne geben.

Den Dip in einer separaten Schüssel zu den Cornfritters servieren.

# Can Colada

ZUTATEN FÜR 6 GLÄSER

**Dosen auf, Mixer an und schon startet die Party! Du brauchst nur drei Zutaten aus dem Vorratsschrank und ein paar Eiswürfel. Ruck, zuck wird so aus Dosenananas, Kokosmilch und Rum eine köstliche Piña Colada.**

## ZUTATEN

1 Dose Kokosmilch (400 ml)

2 Dosen ungezuckerte Ananas im eigenen Saft (à etwa 800 g)

150 ml weißer Rum

300 g Eiswürfel

wahlweise Cocktailkirschen für die Garnitur

Tipp: Mit etwas Rumaroma wird aus der Can Colada eine alkoholfreie Virgin Colada.

## ZUBEREITUNG

Die Kokosmilch, Ananas inklusive Saft, Rum und Eiswürfel in einen Standmixer geben und bei höchster Stufe etwa 1 Minute mixen, bis eine cremige Konsistenz entstanden ist.

Die Can Colada in große Gläser füllen und sofort servieren. Wahlweise mit Cocktailkirschen garnieren.

# Frittata

## MIT SPINAT, KICHERERBSEN & PARMESAN

ZUTATEN FÜR 1 FRITTATA (6–8 PERSONEN)

**Frittata ist eine Art Omelett und wird in Italien kalt oder warm als Snack, Vorspeise und Hauptgericht gegessen. Für Partys schneide ich die Frittata in kleine Würfel. Die Basis aus Eiern und Kartoffeln kannst du ganz nach Lust und Laune mit verschiedenen Zutaten wie Schinken, Gemüse oder Käse verfeinern.**

### ZUTATEN

- 500 g TK-Blattspinat
- 1 kg festkochende Kartoffeln (oder gegarte Pellkartoffeln vom Vortag)
- 1 große Zwiebel
- 70 g Parmesan
- 1 kleine Dose Kichererbsen (etwa 240 g Abtropfgewicht)
- 3 EL neutrales Pflanzenöl, z. B. Rapsöl
- 2 Prisen frisch gemahlene Muskatnuss
- Salz, frisch gemahlener schwarzer Pfeffer
- 10 Eier

### AUSSERDEM

- Auflaufform (etwa 25 × 30 cm)

Tipp: Hülsenfrüchte aus der Dose oder dem Glas sind ein echter Allrounder für Suppen, Salate und vieles mehr. Daher habe ich immer Linsen, Bohnen & Co. im Vorratsschrank.

### ZUBEREITUNG

Den Blattspinat auftauen und die Flüssigkeit herausdrücken. Die Kartoffeln gar kochen, pellen und in 3–4 cm große Würfel schneiden. Die Zwiebel abziehen und fein würfeln. Den Parmesan fein reiben. Die Kichererbsen gut abtropfen lassen.

2 EL Öl in einer Pfanne erhitzen und darin die Kartoffeln bei mittlerer Temperatur 4–5 Minuten goldbraun anbraten, dann die Zwiebel hinzugeben und 2–3 Minuten weiterbraten. Nun den Herd ausstellen und den Spinat, Kichererbsen und zwei Drittel des Parmesans unterrühren. Alles mit Muskat, Salz und Pfeffer würzen. Die Eier in einer Schüssel verquirlen und mit Salz und Pfeffer würzen.

Den Backofen auf 200 °C (Umluft) vorheizen und die Auflaufform mit 1 EL Öl einfetten.

Die Kartoffel-Spinat-Kichererbsen-Mischung in die Auflaufform geben, das Ei gleichmäßig darübergießen und den restlichen Parmesan darüberstreuen. Die Frittata im Backofen auf der mittleren Schiene 30–35 Minuten goldbraun backen.

Die Frittata vor dem Servieren in Stücke schneiden.

# Pissaladières Rapides

## SARDELLEN-ZWIEBEL-TARTELETTES

**Pissaladière, ein herzhafter Hefeteigfladen aus Nizza, wird mit reichlich karamellisierten Zwiebeln, Oliven und Sardellen belegt. Der Teig für meine Blitzvariante wird nicht mit Hefe, sondern mit Backpulver gemacht.**

ZUTATEN FÜR 12 STÜCK

**ZUTATEN**

**FÜR DEN BELAG**

800 g Zwiebeln
2–3 Knoblauchzehen
3 EL Olivenöl
2 TL Zucker
2 TL Kräuter der Provence, gerebelt
Salz, frisch gemahlener schwarzer Pfeffer
80 g schwarze Oliven (ohne Stein), ungeschwärzt
12 in Öl eingelegte Sardellen
wahlweise etwas frischer Thymian & Rosmarin zum Garnieren

**FÜR DEN TEIG**

500 g Mehl (Type 405)
1 Päckchen Backpulver
1 gestrichener TL Salz
1 gestrichener TL Zucker
50 ml Olivenöl

**AUSSERDEM**

Backblech, Backpapier

**Vorbereitung:** Den Belag am Vortag zubereiten (kalt stellen).

Tipp: Der Schalenabrieb von einer Zitrone verleiht dem Belag eine sommerliche, frische Note.

### ZUBEREITUNG

Für den Belag die Zwiebeln abziehen, halbieren und in feine Scheiben schneiden. Die Knoblauchzehen abziehen und ebenfalls in Scheiben schneiden. Das Öl in einer Pfanne erhitzen und darin die Zwiebeln 15 Minuten bei mittlerer Temperatur anbraten. Den Knoblauch hinzugeben und 5 Minuten weiterbraten. Den Zucker darüberstreuen und 1 Minute karamellisieren. Dann die Kräuter unterrühren. Mit Salz und Pfeffer abschmecken.

Für den Teig alle Zutaten mit 250 ml Wasser in eine Schüssel geben und mit den Händen zu einem glatten Teig verkneten.

Den Backofen auf 200 °C (Umluft) vorheizen. Ein Backblech mit Backpapier auslegen.

Den Teig in zwölf gleich große Portionen teilen und diese zu Fladen mit 8–10 cm Durchmesser formen.

Die Zwiebeln gleichmäßig mit einem Löffel auf den Teigfladen verteilen. Die Oliven halbieren. Die Oliven und je eine Sardelle auf den Zwiebeln verteilen. Die Pissaladières auf der mittleren Schiene im Backofen 25 Minuten backen.

Wahlweise vor dem Servieren mit frischem Thymian und/oder Rosmarin garnieren.

# Popcorn
## »ARRABIATA«

**Wenn es auf einer Party richtig knallen soll, dann ist Popcorn einfach perfekt. Es ist schnell gemacht, wandelbar und für spontane Feste super geeignet. Ich habe daher immer ein Päckchen Popcornmais in der Speisekammer (Bild Seite 136–137, von links nach rechts: Popcorn mit Gruyère und Pfeffer, Popcorn »Arrabiata«, Popcorn mit Vanille & Fenchel).**

ZUTATEN FÜR 6 PERSONEN

**ZUTATEN**

5 EL neutrales Pflanzenöl, z. B. Rapsöl
2 TL Tomatenmark
2 TL Knoblauchpulver
3 TL getrocknete italienische Kräuter
½ TL Salz
½ TL frisch gemahlener schwarzer Pfeffer
¼ TL Cayennepfeffer
150 g Popcornmais

Tipp: Das Popcorn portioniert in Papiertüten, kleinen Schälchen oder Bechern anbieten.

**ZUBEREITUNG**

2 EL Öl mit dem Tomatenmark, Knoblauchpulver, Kräutern, Salz, Pfeffer und Cayennepfeffer zu einer Würzpaste vermengen.

3 EL Pflanzenöl zusammen mit dem Popcornmais in einen großen Topf geben und umrühren. Den Deckel auf den Topf setzen und den Mais bei hoher Temperatur aufpoppen lassen. Das Popcorn ist fertig, wenn man den Mais nicht mehr aufpoppen hört.

Das Popcorn sofort mit der Würzpaste vermengen, bis das Popcorn gleichmäßig damit benetzt ist.

## MIT VANILLE & FENCHEL

ZUTATEN FÜR 6 PERSONEN

**ZUTATEN**

3 EL neutrales Pflanzenöl, z. B. Rapsöl
150 g Popcornmais
3 Beutel Fencheltee
2 Päckchen Bourbon-Vanillezucker
2 EL Zucker
1 Prise Salz

**ZUBEREITUNG**

Das Pflanzenöl in einem großen Topf erhitzen. Den Popcornmais in den Topf geben und umrühren. Den Deckel auf den Topf setzen und den Mais bei hoher Temperatur aufpoppen lassen. Das Popcorn ist fertig, wenn man den Mais nicht mehr aufpoppen hört. Mit dem Inhalt der Fenchelteebeutel, Vanillezucker, Zucker und Salz vermischen.

## MIT GRUYÈRE & PFEFFER

ZUTATEN FÜR 6 PERSONEN

**ZUTATEN**

3 EL neutrales Pflanzenöl, z. B. Rapsöl
150 g Popcornmais
1 TL frisch gemahlener schwarzer Pfeffer
½ TL Salz
70 g fein geriebener Gruyère

**ZUBEREITUNG**

Das Pflanzenöl in einem großen Topf erhitzen. Den Popcornmais in den Topf geben und umrühren. Den Deckel auf den Topf setzen und den Mais bei hoher Temperatur aufpoppen lassen. Das Popcorn ist fertig, wenn man den Mais nicht mehr aufpoppen hört. Sofort mit dem Pfeffer, Salz und Gruyère vermischen.

# Champagner-rausch

# Goldwertes Partyfood

**Zieh deine schicksten kulinarischen Spendierhosen an und verwöhne deine Liebsten mit diesen luxuriösen Rezepten – das Beste ist gerade gut genug!**

# Banh Mi de luxe

ZUTATEN FÜR 12 STÜCK

**Banh Mi ist ein vietnamesisches Sandwich mit Baguette, Pâté, Mayonnaise, frischen Kräutern und unterschiedlichem Belag. Als Partyhäppchen serviere ich die Banh Mi mit mariniertem und kurz gebratenem Entrecôte.**

## ZUTATEN

- 400 g Entrecôte (Rindfleisch)
- 1 walnussgroßes Stück frischer Ingwer
- 2 Knoblauchzehen
- 2 Prisen Chiliflocken
- 2 TL flüssiger Honig
- 2 TL Sesamöl
- 3 EL neutrales Pflanzenöl, z. B. Rapsöl
- Salz, frisch gemahlener schwarzer Pfeffer
- 1 große Karotte
- 50 g Zucker
- 50 ml Reisessig
- 12 Scheiben Baguette
- ¼ Salatgurke
- 100 g Geflügelleber-Pâté oder hochwertige Leberwurst
- 50 g Mayonnaise
- 1 Handvoll frisches Koriandergrün und Thai-Basilikumblättchen

## AUSSERDEM

Sparschäler, Backblech, Backpapier, kurze Bambus- oder Holzspieße

**Vorbereitung:** Die eingelegten Karotten am Vortag zubereiten und über Nacht im Kühlschrank ziehen lassen.

Tipp: Für die preiswertere Variante die Banh Mi mit gebratenem Hühner-, Schweinefleisch oder Tofu belegen.

## ZUBEREITUNG

Das Entrecôte quer zur Faser in 1 cm dünne Streifen schneiden. Ingwer schälen und grob reiben. Knoblauch abziehen und ebenfalls grob reiben. Den Ingwer, Knoblauch, Chiliflocken, Honig, Sesamöl, 1 EL Pflanzenöl und je 2 Prisen Salz und Pfeffer miteinander zu einer Marinade verrühren. Das Entrecôte mit der Marinade vermischen und 30 Minuten bei Zimmertemperatur marinieren.

Währenddessen die Karotte schälen und mit einem Sparschäler längs in dünne Streifen schneiden. Karottenstreifen, Zucker, Reisessig, ½ TL Salz und 150 ml Wasser in einen kleinen Topf geben. Die Flüssigkeit einmal aufkochen und umrühren und den Topf vom Herd nehmen. Die Karotten bis zum Anrichten im Sud ziehen lassen.

Den Backofen auf 200 °C (Umluft) vorheizen. Die Baguettescheiben mit 1 EL Rapsöl einstreichen und auf ein Backblech mit Backpapier legen. Die Baguettescheiben im Backofen auf mittlerer Schiene 10–12 Minuten backen.

Die Salatgurke halbieren, entkernen und mit dem Sparschäler längs in dünne Scheiben schneiden.

1 EL Rapsöl in einer Pfanne erhitzen. Die Entrecôte-Streifen bei hoher Temperatur 3 Minuten rundherum scharf anbraten.

Die Baguettescheiben erst mit Geflügelleber-Pâté und dann mit Mayonnaise bestreichen. Mit Gurkenscheiben, Karotten, Kräutern und Entrecôte belegen. Den Belag mit einem Holz- oder Bambusspieß feststecken.

# Edle Mini-Burger

## MIT CRISPY WACHTELBRUST, PANCETTA & SALBEI-AHORNSIRUP-CREME

ZUTATEN FÜR 8 STÜCK

**Die Mini-Burger haben sich für die Party richtig fein gemacht: Die Wachtelbrüste werden knusprig frittiert und zusammen mit gebratenem Pancetta auf eine süß-würzige Creme mit Salbei und Ahornsirup gebettet. Die Burger sind zwar schnell verputzt, bleiben aber lange in Erinnerung.**

### ZUTATEN FÜR DIE WACHTELBRUST

8 Wachtelbrüste, küchenfertig mit Haut

4 Prisen Salz

250 g Mehl (Type 405)

4 Msp. Cayennepfeffer

200 g Buttermilch

600 ml neutrales Pflanzenöl zum Frittieren

### FÜR DIE SALBEI-AHORNSIRUP-CREME

½ EL frische fein gehackte Salbeiblätter

3 EL Mayonnaise

2 EL Schmand

2 TL Ahornsirup

Salz, frisch gemahlener schwarzer Pfeffer

### AUSSERDEM

16 Scheiben Pancetta, dünn aufgeschnitten

8 Mini-Burgerbrötchen

1 Handvoll Wildkräutersalat

**Vorbereitung:** Die Creme am Vortag zubereiten (kalt stellen). Die Wachtelbrust möglichst frisch frittieren, damit sie knusprig bleibt.

**Tipp:** Die Wachtelbrüste durch Hähnchenbrustfilet ersetzen – schmeckt auch toll und ist preiswerter.

### ZUBEREITUNG

Die Wachtelbrüste mit 2 Prisen Salz würzen. Das Mehl mit dem Cayennepfeffer und 2 Prisen Salz würzen. Das Mehl auf zwei Schüsseln aufteilen. Die Wachtelbrüste in die Buttermilch tauchen, abtropfen lassen und dann sofort in einer Schüssel mit Mehl wälzen. Die Wachtelbrüste nebeneinander auf einen Teller legen, abdecken und 30 Minuten im Kühlschrank ziehen lassen. Die Wachtelbrüste nach dem Kühlen erneut in Buttermilch tauchen und dann in der zweiten Schüssel mit Mehl wenden. Die Wachtelbrüste weitere 30 Minuten im Kühlschrank ruhen lassen.

Währenddessen die Salbei-Ahornsirup-Creme zubereiten. Dafür Salbei mit der Mayonnaise, Schmand und Ahornsirup verrühren. Alles mit Salz und Pfeffer abschmecken.

Zum Frittieren der Wachtelbrüste das Öl in einem mittelgroßen Topf auf 170 °C erhitzen. Alternativ eine Fritteuse verwenden. Die Wachtelbrüste portionsweise im heißen Fett ausbacken, bis sie goldbraun und knusprig sind. Das dauert etwa 5 Minuten. Die fertigen Wachtelbrüste auf Küchenpapier abtropfen lassen.

Währenddessen die Pancettascheiben quer halbieren und in einer Pfanne ohne Fett von beiden Seiten bei mittlerer Temperatur insgesamt 4–5 Minuten knusprig anbraten.

Die unteren Burgerbrötchenhälften mit der Salbei-Ahornsirup-Creme bestreichen, dann den Salat, Pancetta und Wachtelbrust und zuletzt die oberen Burgerbrötchenhälften darauflegen.

# Frozen Champagner MIT KAFFIRLIMETTE

ZUTATEN FÜR 4 GLÄSER

**Das erfrischende Aroma der Kaffirlimettenblätter harmoniert wunderbar mit Champagner. Der exklusive Drink ist eine außergewöhnliche Erfrischung für Cocktailpartys, als Aperitif oder für elegante Gartenfeste.**

**ZUTATEN**

20 TK-Kaffirlimettenblätter
100 g Zucker
1 Flasche Champagner (750 ml)

**AUSSERDEM**

Sieb, flaches Metallgefäß, Standmixer

**Vorbereitung:** Den Frozen Champagner 1–2 Tage vorher zubereiten und im Tiefkühler aufbewahren. Vor dem Servieren noch einmal kurz durchrühren.

Tipp: Kaffirlimettenblätter sind als Tiefkühlware im asiatischen Supermarkt erhältlich. Statt Champagner als günstigere Alternative Prosecco, Crémant oder Sekt verwenden.

## ZUBEREITUNG

Vier Kaffirlimettenblätter für die Garnitur beiseitelegen. Die restlichen Blätter in Streifen schneiden. Zusammen mit dem Zucker und 150 ml Wasser in einen kleinen Topf geben. Die Flüssigkeit erhitzen und 15 Minuten köcheln lassen. Dabei ab und zu umrühren. Den Sirup abkühlen lassen und durch ein Sieb gießen.

Den Champagner mit dem Sirup vermischen und in ein flaches Metallgefäß geben. Die Flüssigkeit mindestens 6–7 Stunden einfrieren und dabei jede Stunde umrühren.

Den Frozen Champagner mit einem Kaffirlimettenblatt garnieren und sofort servieren.

# Hautevolee-Kartoffeln

## MIT JAKOBSMUSCHEL-POKE

ZUTATEN FÜR 20 STÜCK

**Poke ist ein hawaiianisches Gericht und wird traditionell meistens mit rohem Lachs oder Thunfisch zubereitet. Die Version mit Sesamkartoffeln und Jakobsmuscheln ist edel, aber mit wenig Aufwand gezaubert.**

### ZUTATEN

10 Drillinge (Kartoffeln), etwa 400 g

5 EL helle Sesamsamen

3 TL schwarze Sesamsamen

1 EL neutrales Pflanzenöl, z. B. Rapsöl

Salz

200 g frische Jakobsmuscheln, ohne Rogen und Schale (zum Rohverzehr geeignet)

1 Frühlingszwiebel

1 unbehandelte Limette

½ TL frischer Ingwer, geschält und fein gerieben

2 TL geröstetes Sesamöl

2 TL Sojasauce

1 Prise Pfeffer

1 Prise Chiliflocken (ohne Kerne)

### AUSSERDEM

Backblech, Backpapier, Küchenpapier

**Vorbereitung:** Das Gericht am Partytag zubereiten, damit das Poke frisch ist. Die rohen Muscheln möglichst rasch verzehren.

**Tipp:** Das Poke ohne Kartoffeln in kleinen Gläschen servieren und etwas Sesamsamen darüberstreuen. Dazu passt knuspriges Weißbrot.

### ZUBEREITUNG

Den Backofen auf 180 °C (Umluft) vorheizen. Ein Backblech mit Backpapier auslegen.

Die Kartoffeln gut waschen, abbürsten und halbieren. Die Sesamsamen auf einem Teller vermischen. Die Schnittfläche der Kartoffeln mit Öl einpinseln, leicht salzen und dann in die Sesamsamen drücken, sodass die Schnittfläche komplett bedeckt ist. Die Kartoffeln mit der Schnittfläche nach oben auf das Backblech legen. Die Kartoffeln im Backofen auf mittlerer Schiene 40 Minuten backen.

Währenddessen für das Poke die Jakobsmuscheln mit Küchenpapier trockentupfen und in 1 cm kleine Würfel schneiden. Die Frühlingszwiebel putzen und fein hacken. Die Limette heiß abwaschen, trockentupfen und die Schale abreiben. Muscheln, Frühlingszwiebel, Limettenabrieb, Sesamöl, Sojasauce und Ingwer mischen und mit Pfeffer und Chiliflocken würzen. Bis zum Servieren kalt stellen.

Die Kartoffeln abkühlen lassen. Auf jede Kartoffel 1 gehäuften TL Poke setzen und sofort servieren.

# Getrüffelte Gua Baos

## MIT PANKO-BLUMENKOHL, FRÜHLINGSZWIEBEL-MAYONNAISE & SPECK

ZUTATEN FÜR 12 STÜCK

**Die soften Gua Baos aus einem fluffigen, getrüffelten Hefeteig sind eine angemessene Bühne für den knusprigen Panko-Blumenkohl, der mit einer Extraportion Trüffelscheiben und krossen Speckwürfeln gekrönt wird.**

### ZUTATEN

**FÜR DIE GUA BAOS**

- 40 g schwarze Wintertrüffel
- 400 g Mehl (Type 405) plus etwas zum Bearbeiten
- 1 Päckchen Trockenhefe (7 g)
- 2 TL Zucker
- 2 Prisen Salz
- 100 ml lauwarme Milch
- 30 ml neutrales Pflanzenöl, z. B. Rapsöl

**FÜR DEN PANKO-BLUMENKOHL**

- 400 g kleine Blumenkohlröschen
- Salz
- 1 l Pflanzenöl zum Frittieren
- 50 g Mehl
- Cayennepfeffer
- 2 Eier
- 120 g Pankobrösel

**FÜR DIE MAYONNAISE & DEN SPECK**

- 1 Frühlingszwiebel
- 5 EL Mayonnaise
- 100 g Frühstücksbacon, in Scheiben

**AUSSERDEM**

Küchenmaschine oder Handrührgerät, Backpapier, Nudelholz, Glas mit 8–9 cm Durchmesser, 2 Bambus-Dämpfkörbe (Durchmesser 30 cm), Trüffelhobel

**Vorbereitung:** Den Blumenkohl am Vortag garen (kalt stellen). Die Gua Baos schmecken frisch am besten.

Tipp: Als einfachen Snack den Panko-Blumenkohl zusammen mit der Frühlingszwiebel-Mayonnaise als Dip servieren.

### ZUBEREITUNG

Für die Gua Baos die Hälfte der Trüffel fein reiben. Das Mehl mit der Trockenhefe, Zucker und Salz vermengen. 100 ml lauwarmes Wasser, Milch, Öl und den geriebenen Trüffel hinzugeben. Alles 7–8 Minuten mit den Knethaken (Küchenmaschine oder Handrührgerät) durchkneten, bis ein glatter Teig entstanden ist. Den Teig an einem warmen Ort 1 Stunde gehen lassen.

Währenddessen weitere Arbeitsschritte vorbereiten: Zunächst das Backpapier zuschneiden. Es werden zwölf Stücke mit 10 × 10 cm benötigt und zwölf Stücke mit 6 × 8 cm.

Für den Panko-Blumenkohl die Blumenkohlröschen in kochendes Salzwasser geben, 3 Minuten garen, abgießen und gut ausdampfen lassen. Die Blumenkohlröschen beiseitestellen.

Für die Frühlingszwiebel-Mayonnaise die Frühlingszwiebel putzen, sehr fein hacken und mit der Mayonnaise vermengen. Die Mayonnaise bis zum Servieren kalt stellen. Den Bacon in 1 cm kleine Würfel schneiden und in einer Pfanne ohne Fett bei mittlerer Temperatur 10 Minuten knusprig braten. Die Baconwürfel auf Küchenpapier abtropfen lassen.

Nun mit der Zubereitung der Gua Baos fortfahren. Dafür den Teig 1 cm dick ausrollen. Mit dem Glas Teigkreise ausstechen. Den restlichen Teig wieder verkneten und weitere Teigkreise ausstechen. Auf diese Weise insgesamt zwölf Teigkreise ausstechen.Die Teigkreise mit einem Nudelholz oval auf etwa 12 × 8 cm ausrollen und je auf eines der größeren Backpapierstücke legen. Ein kleineres Stück Backpapier mittig platzieren und den Teigfladen in der Mitte zusammenklappen. Das Backpapier soll verhindern, dass das Gua Bao in der Mitte zusammenklebt. Die Gua Baos in die Dämpfkorbe setzen. Einen großen Topf mit Wasser zum Kochen bringen (die Dämpfkörbe müssen genau auf den Topf passen) und die Dämpfkörbe daraufsetzen. Die Bao Buns etwa 10 Minuten dämpfen.

Während die Gua Baos dämpfen, den Blumenkohl frittieren. Dafür das Öl in einem mittelgroßen Topf auf 170 °C erhitzen. Alternativ kann auch eine Fritteuse verwendet werden.

Das Mehl mit 2 Prisen Salz und Cayennepfeffer in einer Schüssel vermischen. In einer weiteren Schüssel die Eier mit einer Gabel verquirlen. Die Pankobrösel ebenfalls in eine separate Schüssel geben. Den Blumenkohl zuerst in Mehl, dann im Ei und dann in den Pankobröseln wenden. Die Blumenkohlröschen portionsweise im Fett ausbacken, bis sie goldbraun und knusprig sind. Das dauert etwa 4–5 Minuten. Den Blumenkohl auf Küchenpapier abtropfen lassen.

Die restliche Trüffel fein hobeln. Die Gua Baos öffnen und das Backpapier entfernen. Die Bao Buns mit Frühlingszwiebel-Mayonnaise, Baconwürfeln, Panko-Blumenkohl und Trüffelscheiben belegen.

# Golden Grissini
## MIT ROSE & CHILI

ZUTATEN FÜR 20 STÜCK

**Die luxuriösen Gebäckstangen sind mit Rosenblättern und Chili verfeinert. Der Glanz ist kein echtes Gold, sondern essbares goldfarbenes Puder, das mit dem Pinsel aufgetragen wird.**

### ZUTATEN

250 g Mehl (Type 405)
3 EL getrocknete Rosenblütenblätter (zum Verzehr geeignet)
1 EL Olivenöl
3 TL Rosenwasser
1 TL Trockenhefe
1 TL Bourbon-Vanillezucker
½ TL Chiliflocken (ohne Kerne)
¼ TL Salz
essbares Goldpuder zum Garnieren

### AUSSERDEM

2 Backbleche, Backpapier

**Vorbereitung:** Die Grissini mehrere Tage vor der Party zubereiten (luftdicht, kühl und trocken aufbewahren).

**Tipp:** Essbares goldfarbenes Dekopuder ist im Onlinehandel oder in Fachgeschäften für Back- und Konditoreibedarf erhältlich.

### ZUBEREITUNG

Das Mehl, 120 ml Wasser, Rosenblütenblätter, Olivenöl, Rosenwasser, Trockenhefe, Vanillezucker, Chiliflocken und Salz in eine Schüssel geben. Alles mit den Händen zu einem glatten Teig verkneten.

Den Teig 30 Minuten an einem warmen Ort gehen lassen.

Den Backofen auf 200 °C (Umluft) vorheizen. Zwei Backbleche mit Backpapier auslegen. Den Teig auf einer bemehlten Arbeitsfläche zu einem Rechteck von etwa 40 × 20 cm ausrollen.

Den Teig mit einem Messer längs in 20 Streifen schneiden. Den Teigstrang mit den Händen mehrmals hin- und herrollen und die Enden spitz zudrehen. Die Grissini sollten jeweils etwa 20 cm lang sein.

Die Teigstränge auf die Backbleche legen und im Backofen auf mittlerer Schiene 20 Minuten backen.

Die Grissini abkühlen lassen und mit Goldpuder einpinseln.

# Sushi satt

## CHIRASHI

**Chirashi-Sushi ist wohl die einfachste Art, Sushi bei einer Party anzubieten. Die Zutaten wie Fisch, Reis & Co. werden nicht kunstvoll gerollt, sondern einfach auf einem Teller, Servierplatte oder in einer Schüssel »verstreut«.**

ZUTATEN FÜR 10 PERSONEN

### ZUTATEN

700 g Sushi-Reis
1 gestrichener TL Salz plus etwas für den Sushi-Reis
80 ml Reisessig
30 g Zucker
250 g Lachsfilet (zum Rohverzehr geeignet)
2 kleine, reife Avocados
2 Mini-Salatgurken
3 Frühlingszwiebeln
100 g eingelegter japanischer Ingwer
50 g Forellen-Kaviar
2 EL geröstete helle Sesamsamen
1 TL schwarze Sesamsamen

### ZUM SERVIEREN

Wasabipaste und Sojasauce

**Vorbereitung:** Den Sushi-Reis am Vortag kochen und im Kühlschrank in einem luftdichten Gefäß aufbewahren, damit er nicht austrocknet.

Tipp: Frischen rohen Lachs möglichst schnell verzehren. Steht das Gericht längere Zeit, besser mit gebratenem Lachs oder Räucherlachs zubereiten.

### ZUBEREITUNG

Den Sushi-Reis dreimal gut durchwaschen, abgießen und dann nach Packungsanweisung in leicht gesalzenem Wasser zubereiten. Den Reisessig in einem kleinen Topf erwärmen (er sollte nicht kochen), den Zucker und 1 gestrichenen TL Salz darin auflösen und mit dem fertig gegarten Reis vermischen. Den Reis abkühlen lassen und bis zur weiteren Verwendung kalt stellen.

Den Lachs gegen die Maserung in 5 mm dünne Scheiben schneiden. Die Avocados halbieren, die Steine und das Fruchtfleisch herauslösen und das Fruchtfleisch in Scheiben schneiden. Die Gurken schräg in 2–3 mm dünne Scheiben schneiden. Die Frühlingszwiebeln putzen und schräg in feine Ringe schneiden.

Den Sushi-Reis auf einer großen Platte verteilen. Lachs, Avocados, Gurken, Frühlingszwiebeln, Ingwer und Kaviar darauf verteilen. Mit hellen und schwarzen Sesamsamen bestreuen. Die Wasabipaste und Sojasauce dazu servieren.

# Total tolle Tostadas

ZUTATEN FÜR 16 STÜCK

**Mexikanische Tostadas sind knusprige Tortillas mit verschiedenen Toppings – meist Bohnenpüree, Fleisch und Salsa. Auf meine Fingerfood-Tostadas kommen eine weiße Bohnencreme und ein Rinderfilet-Tatar, das ich mit Chipotle-Chili und Vanille gewürzt habe.**

### ZUTATEN

250 g weiße Bohnen (Konserve)
1 EL Mayonnaise
Salz, frisch gemahlener schwarzer Pfeffer
2 Frühlingszwiebeln
5 Cocktailtomaten
200 g Rinderfilet
1 Vanilleschote
1 unbehandelte Limette
2 TL neutrales Pflanzenöl, z. B. Rapsöl
2–3 Msp. gemahlener Chipotle-Chili
2 Weizen-Mais-Tortillas (Durchmesser 25 cm)
3–4 EL neutrales Pfanzenöl, z. B. Rapsöl
frisches Koriandergrün zum Garnieren

### AUSSERDEM

Glas mit 7 cm Durchmesser, Stabmixer, Küchenpapier

**Vorbereitung:** Die Bohnencreme am Vortag zubereiten (kalt stellen). Die Tortillas möglichst frisch braten und belegen, damit sie knusprig bleiben.

**Tipp:** Wenn du das Rinderfilet nicht roh servieren möchtest, einfach kurz in der Pfanne anbraten.

## ZUBEREITUNG

Die Bohnen mit einem Stabmixer fein pürieren. Dann die Mayonnaise untermixen und mit Salz und Pfeffer abschmecken. Die Creme bis zum Servieren kalt stellen. Die Frühlingszwiebeln putzen und in sehr feine Ringe schneiden. Von den Tomaten den Stielansatz und die Kerne entfernen und die Tomaten in 1 cm kleine Würfel schneiden.

Das Rinderfilet in 5 mm kleine Würfel schneiden und in eine Schüssel geben. Das Mark aus der Vanilleschote auskratzen. Die Schale der Limette fein abreiben. Das Rindfleisch mit dem Vanillemark, Limettenschalenabrieb, 2 TL Öl und Chipotle-Chili verrühren. Mit Salz und Pfeffer abschmecken. Das Fleisch bis zum Servieren kalt stellen.

Mit dem Glas Kreise aus den Tortillas ausstechen. Auf diese Weise insgesamt 16 Kreise ausstechen. Das Öl in einer Pfanne erhitzen und die Kreise bei mittlerer Temperatur von jeder Seite 2 Minuten anbraten, bis sie leicht gebräunt sind. Auf Küchenpapier abtropfen lassen.

Die gebackenen Teigkreise mit Bohnencreme bestreichen und das Tatar daraufgeben. Mit Tomatenwürfeln, Frühlingszwiebeln und Koriander garnieren.

# Austern MIT CLEMENTINEN-BASILIKUM-VINAIGRETTE

Keine pompöse Party ohne Austern! Frische Austern sind die erste Wahl für ein luxuriöses Highlight auf deinem Fest, wenn du es richtig krachen lassen möchtest.

ZUTATEN FÜR 24 STÜCK

**ZUTATEN**

2 mittelgroße Schalotten
5 Clementinen
15 g frische Basilikumblätter
3 EL Olivenöl
2 EL Weißweinessig
Salz, frisch gemahlener schwarzer Pfeffer
24 frische Austern

**AUSSERDEM**

Austernmesser, Crushed Ice

Tipp: Die Austern direkt nach dem Öffnen verzehren und zur Kühlung auf Crushed Ice servieren.

## ZUBEREITUNG

Die Schalotten abziehen und möglichst fein würfeln. Saft von den Clementinen auspressen. Die Basilikumblätter fein hacken. Schalotten, Clementinensaft, Olivenöl, Weißweinessig und Basilikum zu einer Vinaigrette verrühren. Mit Salz und Pfeffer abschmecken.

Die Austern mit einem Austernmesser öffnen und auf dem Crushed Ice anrichten. Die Vinaigrette zu den Austern servieren.

# MIT APFEL-TONKA-SALSA

ZUTATEN FÜR 24 STÜCK

**ZUTATEN**

1 mittelgroßer süßsäuerlicher Apfel (z. B. Braeburn)

2 mittelgroße Schalotten

1 Tonkabohne

5 EL Apfelessig

3 EL Olivenöl

Salz, frisch gemahlener schwarzer Pfeffer

24 frische Austern

**AUSSERDEM**

Austernmesser, Crushed Ice

## ZUBEREITUNG

Den Apfel entkernen und in 3 mm kleine Würfel schneiden. Die Schalotten abziehen und möglichst fein würfeln. Die Tonkabohne fein reiben. Apfel, Schalotten, Tonka, Apfelessig und Olivenöl miteinander verrühren. Mit Salz und Pfeffer abschmecken.

Die Austern mit einem Austernmesser öffnen und auf dem Crushed Ice anrichten. Die Salsa zu den Austern servieren.

# MIT BACON-ORANGEN-SAUCE

ZUTATEN FÜR 24 STÜCK

**ZUTATEN**

100 g Frühstücksbacon, in Scheiben

2 mittelgroße Schalotten

2 unbehandelte Orangen

1 EL gehackte Thymianblättchen

3 EL Apfelessig

1 EL Ahornsirup

frisch gemahlener schwarzer Pfeffer

24 frische Austern

**AUSSERDEM**

Küchenpapier, Austernmesser, Crushed Ice

## ZUBEREITUNG

Den Bacon in 1 cm kleine Würfel schneiden und in einer Pfanne ohne Zugabe von Fett bei mittlerer Temperatur 10 Minuten knusprig anbraten. Nach dem Anbraten das Fett mit Küchenpapier aufsaugen. Die Schalotten abziehen und möglichst fein würfeln. Die Schale der Orangen fein abreiben und den Saft der Orangen auspressen.

Thymianblättchen, Schalotten, Orangenschalenabrieb und -saft, Apfelessig, Ahornsirup und gebratenen Bacon zu einer Sauce verrühren. Mit Pfeffer abschmecken.

Die Austern mit einem Austernmesser öffnen und auf dem Crushed Ice anrichten. Die Sauce zu den Austern servieren.

# Der Morgen danach

# Einmal auftanken, bitte!

Ein üppiges Frühstück ist der perfekte Energieschub nach einer durchtanzten Nacht – meine After-Party-Rezepte machen dich fit für das nächste Fest.

# Booster-Bratkartoffeln

## MIT KIMCHI & BERGKÄSE

ZUTATEN FÜR 2 PERSONEN

**Diese geballte Geschmacksladung mit extra Umami und viel geschmolzenem Käse bringt dich garantiert wieder auf Trab. Die Kartoffeln schmecken auch mit anderen Käsesorten wie Gouda, Cheddar, Brie oder Mozzarella.**

### ZUTATEN

1 kg vorgegarte festkochende Pellkartoffeln
1 mittelgroße Zwiebel
1 EL Butterschmalz
Salz
1 Frühlingszwiebel
200 g Kimchi
100 g Bergkäse (Gewicht ohne Rinde)
1 TL geröstetes Sesamöl
frisch gemahlener schwarzer Pfeffer

**Vorbereitung:** Die Bratkartoffeln schmecken mit Pellkartoffeln vom Vortag besonders lecker.

Tipp: Wenn es ganz schnell gehen soll, einfach Toastbrot mit Kimchi und Käse überbacken oder im Sandwichtoaster zubereiten.

### ZUBEREITUNG

Die Kartoffeln pellen und in 1 cm dicke Scheiben schneiden. Die Zwiebel abziehen und fein würfeln. Das Butterschmalz in der Pfanne erhitzen und die Kartoffeln darin 7–8 Minuten bei hoher Temperatur rundherum knusprig braun anbraten. Mit etwas Salz abschmecken.

Währenddessen die Frühlingszwiebel in feine Röllchen schneiden. Das Kimchi grob hacken. Den Bergkäse in 1–2 cm kleine Würfel schneiden.

Die Zwiebelwürfel zu den Bratkartoffeln geben und 10 Minuten bei mittlerer Temperatur anbraten. Das Kimchi und das Sesamöl zu den Kartoffeln geben und 3 Minuten weiterbraten. Mit Pfeffer würzen. Den Käse in die Pfanne geben und schmelzen lassen.

Die Bratkartoffeln vor dem Servieren mit Frühlingszwiebelröllchen garnieren.

# Circle of Life

## BAGELS MIT GRÜNEM MATJESSALAT & APFEL

**Die Bagels mit Matjessalat erwecken dich zum Leben und du fühlst dich ruck, zuck wieder wie ein Fisch im Wasser. Auch auf einem einfachen Toast, Brötchen oder einer gerösteten Brotscheibe entfaltet der Salat seine Wirkung.**

ZUTATEN FÜR 2 PERSONEN

**ZUTATEN**

3 EL Schmand
3 EL Mayonnaise
1 EL Apfelessig
2 TL Tafelmeerrettich
1 TL Zitronenschalenabrieb
1 TL Zucker
1 mittelgroßer Apfel
250 g Matjesfilets
120 g Gewürzgurken oder Cornichons
1 Frühlingszwiebel
2 EL fein gehackter Dill
2 EL fein gehackte Petersilie
Salz, frisch gemahlener schwarzer Pfeffer
1 kleine rote Zwiebel
4 Bagels
1 Handvoll grüner Blattsalat

**Vorbereitung:** Den Salat am Vortag zubereiten (kalt stellen) – so bleibt am nächsten Tag mehr Zeit für die Erholung.

**ZUBEREITUNG**

Den Schmand, Mayonnaise, Apfelessig, Tafelmeerrettich, Zitronenschalenabrieb und Zucker zu einem Dressing verrühren.

Den Apfel vierteln und entkernen. Apfel, Matjes und Gewürzgurken in 1 cm kleine Würfel schneiden. Die Frühlingszwiebel in feine Ringe schneiden. Alles mit dem Dill und der Petersilie in eine Schüssel geben und mit dem Dressing verrühren. Mit Salz und Pfeffer abschmecken.

Die rote Zwiebel abziehen und in 2 mm dünne Scheiben schneiden. Die Bagels aufschneiden und die unteren Hälften mit dem Heringssalat, Zwiebelringen und Salat belegen. Die oberen Bagelhälften daraufsetzen.

# Dutch Baby

## MIT MÜSLI, JOGHURT & ZUCKERRÜBENSIRUP

Für diesen Pfannkuchen brauchst du nicht stundenlang am Herd stehen. Die Zutaten werden einfach im Standmixer schaumig geschlagen und dann entspannt im Backofen gebacken (siehe Bild oben rechts).

ZUTATEN FÜR 2 PERSONEN

**Tipp:** Für die herzhafte Variante das Knuspermüsli im Teig weglassen. Dazu passt dann knuspriger Bacon, Schinken, Räucherlachs oder ein Spiegelei.

### ZUTATEN

4 Eier
250 ml Milch
120 g Mehl (Type 405)
1 Prise Salz
50 g geschmolzene Butter
150 g Knuspermüsli
200 g Joghurt (10 % Fett)
200 g frische Beeren oder Früchte
4 EL Zuckerrübensirup

### AUSSERDEM

Standmixer, schmiedeeiserne oder gusseiserne Pfanne

### ZUBEREITUNG

Für das Dutch Baby den Backofen auf 225 °C (Ober-/Unterhitze) vorheizen. Die Pfanne in den Backofen stellen.

Die Eier in einen Standmixer geben und auf höchster Stufe 1 Minute mixen, bis sie schaumig sind. Dann die Milch hinzugeben und 1 Minute weitermixen. Dann das Mehl, Salz und die Hälfte der geschmolzenen Butter in den Mixer geben. Alles 1 weitere Minute weitermixen. 100 g Müsli hinzugeben und 10 Sekunden mixen.

Die Pfanne aus dem Backofen nehmen und die restliche Butter hineingeben. Der Boden sollte gleichmäßig bedeckt sein. Dann den Teig in die Pfanne gießen und sofort in den Backofen stellen. Das Dutch Baby 20 Minuten auf mittlerer Schiene goldbraun backen.

Das Dutch Baby mit restlichem Müsli, Joghurt, Früchten und Zuckerrübensirup garnieren und sofort servieren.

# Adieu, Tristesse!

## CROQUE MADAME MIT MERGUEZ & ZIEGENKÄSE

ZUTATEN FÜR 4 STÜCK

**Nach dieser reichhaltig belegten Croque Madame ist Schluss mit »Rien ne va plus«. Die Brotscheiben sind mit gebratenen Merguez-Würstchen belegt, mit Ziegenkäse im Backofen überbacken und mit einem Spiegelei gekrönt (siehe Bild Seite 167 unten).**

### ZUTATEN

400 g Merguez-Würstchen
2 kleine rote Zwiebeln
400 g Ziegenkäserolle
8 Scheiben Kastenweißbrot, etwa 2 cm dick
4 TL flüssiger Honig
2 EL neutrales Pflanzenöl, z. B. Rapsöl
4 Eier
Salz, frisch gemahlener schwarzer Pfeffer
2 EL Schnittlauchröllchen zum Garnieren

### AUSSERDEM

Backblech, Backpapier

Tipp: Alternativ die Merguez-Würstchen durch grobe Bratwürste oder Salsiccia ersetzen.

### ZUBEREITUNG

Das Wurstbrät aus der Pelle drücken. Die Zwiebeln abziehen und in feine Ringe schneiden. Das Wurstbrät in einer Pfanne ohne Zugabe von Fett 4–5 Minuten rundherum bei hoher Temperatur anbraten. Die Zwiebeln hinzugeben und 5 Minuten bei mittlerer Temperatur weiterbraten.

Den Backofen auf 180 °C (Umluft) vorheizen. Ein Backblech mit Backpapier auslegen. Den Ziegenkäse in 24 Scheiben schneiden. Vier Brotscheiben auf das Backblech legen und das Wurstbrät auf den Brotscheiben verteilen. Je drei Ziegenkäsescheiben darauflegen, mit je 1 TL Honig beträufeln und mit einer weiteren Brotscheibe bedecken. Auf die Oberseiten der belegten Brotscheiben je drei Käsescheiben legen. Die Croque Madames 15 Minuten auf mittlerer Schiene backen.

Währenddessen das Öl in einer Pfanne erhitzen und darin vier Spiegeleier nach Wunsch braten. Die Spiegeleier mit Salz und Pfeffer würzen.

Die fertigen Croque Madames mit den Spiegeleiern belegen, mit Schnittlauchröllchen garnieren und sofort servieren.

# Magische Miso-Mary

ZUTATEN FÜR 2 GLÄSER

**Dieser Drink bringt dich wieder auf Touren. Die magischen Ingredienzen Misopaste, Ingwer, Avocado, Tomaten und ein Hauch Cayennepfeffer verleihen dir wieder Lebenskraft.**

### ZUTATEN

1 kleine Avocado

1 haselnussgroßes Stück Ingwer

600 ml Tomatensaft

1 TL Misopaste

1 Msp. Cayennepfeffer

### AUSSERDEM

Standmixer

**Tipp:** In der kalten Jahreszeit schmeckt die Mary auch heiß als Suppe.

### ZUBEREITUNG

Die Avocado halbieren, die Steine und das Fruchtfleisch herauslösen. Den Ingwer schälen und in kleine Stücke schneiden.

Avocado und Ingwer mit dem Tomatensaft, Misopaste und Cayennepfeffer in einen Standmixer geben und 1 Minute auf höchster Stufe mixen. Den Drink sofort servieren.

# Heiße Scheibe

## SCHNELLE FRÜHSTÜCKSPIZZA (OHNE HEFETEIG)

ZUTATEN FÜR 2 PIZZEN

**Diese Pizza mit Bacon, Ei und Avocado ist schneller fertig, als der Lieferdienst kommt. Der Teig muss dank Backpulver nicht gehen und der Belag ist fix auf dem Boden verteilt. Nur noch backen – und fertig!**

### ZUTATEN

#### FÜR DEN TEIG

400 g Mehl (Type 405) plus etwas mehr zum Bearbeiten

1 gehäufter TL Backpulver

2 EL Olivenöl

½ TL Salz

#### FÜR DEN BELAG

400 g stückige Tomaten (Konserve)

1 TL getrocknete italienische Kräuter

Salz, frisch gemahlener schwarzer Pfeffer

250 g Mozzarella

150 g Kirschtomaten

80 g Frühstücksbacon, in Scheiben

2 Eier

1 Avocado

2 EL Schnittlauch- oder Frühlingszwiebelröllchen und / oder ½ Beet Kresse

#### AUSSERDEM

2 Backbleche, Backpapier, Küchenpapier

Tipp: Den Bacon auf der Pizza durch 100 g Räucherlachs ersetzen. Die Veggie-Variante bekommt mit getrockneten Tomaten, Oliven oder Artischocken richtig Wumms.

### ZUBEREITUNG

Für den Teig das Mehl mit dem Backpulver in einer Schüssel vermengen. 200 ml Wasser, Olivenöl und Salz hinzugeben und alles mit den Händen zu einem glatten Teig vermengen. Den Teig in zwei gleich große Portionen aufteilen.

Den Backofen auf 250 °C (Umluft) vorheizen. Die Backbleche mit Backpapier auslegen. Den Teig zu zwei Fladen mit etwa 25–30 cm Durchmesser ausrollen und auf die Backbleche legen.

Für den Belag die stückigen Tomaten mit den Kräutern vermengen, mit Salz und Pfeffer abschmecken und auf den Teigfladen verteilen. Den Mozzarella mit den Fingern in Stücke zupfen und mit Küchenpapier gut trockentupfen. Die Kirschtomaten in 1 cm dicke Scheiben schneiden. Den Mozzarella, die Tomaten und den Speck auf den stückigen Tomaten verteilen. Dabei die Mitte der Pizzen frei lassen. Auf jede Pizza mit der Rückseite eines Esslöffels eine Vertiefung in die Mitte drücken. Jeweils ein Ei aufschlagen und vorsichtig in die Vertiefung gleiten lassen.

Die Pizzen im Backofen 20–25 Minuten backen. Falls Flüssigkeit aus den Zutaten austritt, diese zwischendurch mit Küchenpapier aufsaugen. Währenddessen die Avocado halbieren, die Steine und das Fruchtfleisch herauslösen und das Fruchtfleisch in Scheiben schneiden.

Die fertige Pizza mit der Avocado belegen und mit Schnittlauch- oder Frühlingszwiebelröllchen und/oder Kresse bestreuen.

# Mannomann-Menemen

## MIT PASTIRMA & FLADENBROT

ZUTATEN FÜR 4 PERSONEN

Menemen ist ein türkisches Frühstücksgericht mit Gemüse, Tomaten und Eiern. Es ist sehr würzig und wird durch die Pastirma noch aromatischer. Für die vegetarische Variante streue ich einfach Schafskäse darüber. Dazu passen Fladenbrot, Oliven und eingelegte Peperoni.

### ZUTATEN

6 Strauchtomaten
1 große gelbe Paprikaschote
1 große rote Zwiebel
70 g Pastirma (in Scheiben)
2 Knoblauchzehen
2 EL neutrales Pflanzenöl, z. B. Rapsöl
1 TL edelsüßes Paprikapulver
1 TL Pul Biber (mild)
Salz, frisch gemahlener schwarzer Pfeffer
4 Eier
2 EL fein gehackte glatte Petersilie
2 Mini-Fladenbrote oder ½ Fladenbrot als Beilage
wahlweise Weißkäse oder Feta, Oliven oder eingelegte Peperoni

Tipp: Pastirma, ein Rinderdörrfleisch, und Pul Biber, ein Paprikagewürz, sind im türkischen Supermarkt erhältlich.

### ZUBEREITUNG

Bei den Tomaten den Stielansatz und die Kerne entfernen. Die Paprika halbieren, die Kerne und die Stege entfernen und die Paprika mit den Tomaten in 1–2 cm kleine Würfel schneiden. Die Zwiebel abziehen und fein würfeln. Die Pastirma in 1 cm dünne Streifen schneiden. Die Knoblauchzehen abziehen und in feine Scheiben schneiden.

Das Öl in einer Pfanne erhitzen und darin die Zwiebel 3–4 Minuten bei mittlerer Temperatur anbraten, bis die Zwiebel leicht gebräunt ist. Den Knoblauch hinzugeben und 1 Minute weiter anbraten. Die Pastirma und Paprika hinzugeben und 3–4 Minuten anbraten. Dann die Tomaten hinzugeben, mit Paprikapulver, Pul Biber und Salz und Pfeffer abschmecken. 5 Minuten weiter anbraten.

Die Eier in einer Schüssel verquirlen und mit in die Pfanne geben. Umrühren und bei mittlerer Temperatur 5–6 Minuten weitergaren, bis die Eier gestockt sind. Mit Petersilie bestreuen und sofort mit Fladenbrot servieren.

# Nach-der-Feier-Eier

## ŒUFS COCOTTE MIT LACHS, KAPERN & MEERRETTICH

**Œufs Cocotte sind ein echter französischer Klassiker und das ideale Frühstück bei einem »Gueule de bois«. Die Eier werden entspannt in kleinen Förmchen im Backofen gegart und dann einfach ausgelöffelt.**

ZUTATEN FÜR 4 PERSONEN

**Tipp:** Die Eier ganz nach Laune, z. B. mit Bacon, Schinken, Paprika, gedünstetem Spinat oder Tomaten, variieren.

### ZUTATEN

2 TL Butter plus etwas mehr zum Einfetten der Förmchen

125 g Stremellachs

4 TL Kapern

4 Eier

4 TL Crème fraîche

2 TL Tafelmeerrettich

Salz, frisch gemahlener schwarzer Pfeffer

4 TL geriebener Parmesan

4 TL fein gehackter Dill oder Schnittlauchröllchen

nach Wunsch Chiliflocken zum Bestreuen

### AUSSERDEM

4 kleine, ofenfeste Förmchen, Auflaufform

### ZUBEREITUNG

Den Backofen auf 200 °C (Ober-/Unterhitze) vorheizen. Die Förmchen mit Butter einfetten. Den Lachs und die Kapern gleichmäßig auf die Förmchen verteilen. Die Eier aufschlagen und je ein Ei in ein Förmchen gleiten lassen. Auf jedes Ei jeweils 1 TL Crème fraîche, ½ TL Butter in Flöckchen und ½ TL Meerrettich geben. Alles leicht salzen und pfeffern und dann den Parmesan gleichmäßig über die Eier streuen.

Die Förmchen in eine Auflaufform setzen und kochendes Wasser in die Auflaufform geben, bis die Förmchen zu zwei Dritteln im Wasser stehen. Die Eier im Backofen auf mittlerer Schiene 15–20 Minuten backen. Je länger die Eier im Backofen sind, desto fester werden sie.

Die Eier vor dem Servieren mit Dill oder Schnittlauchröllchen und wahlweise mit Chiliflocken bestreuen.

# Anhang

# Register

# Über die Autorin & Foodstylistin

Henriette Wulff ist Kochbuch-Autorin, TV- und Show-Köchin, Rezeptentwicklerin, Foodstylistin und gibt ihre Freude am Genuss bei Kochevents und Kochkursen weiter. Die gebürtige Berlinerin kocht bereits seit ihrer Kindheit. Heute kann sich Henriette Wulff fast nichts Schöneres mehr vorstellen, als am Herd zu stehen und Menschen mit ihrer Freude am Kochen anzustecken – ob gemeinsam mit ihren Gästen, mit neuen Rezeptideen, appetitanregenden Foodstylings oder vor der Kamera.

Henriette Wulffs Kochstil ist kreativ, aber nicht abgehoben, einfach aber nicht langweilig, unkompliziert, aber nicht anspruchslos. Ihre Gerichte überraschen mit Neuem und wecken dennoch Erinnerungen: Regionale Zutaten treffen auf exotische Aromen, Altbekanntes erscheint in neuem Gewand und Klassiker bekommen einen modernen Anstrich. Ob traditionelle deutsche Küche, asiatische Gerichte, orientalische Köstlichkeiten, mediterrane Speisen, ausgefallene Cross-Over-Kreationen, Fisch, Fleisch, Süßes oder Vegetarisches – Henriette Wulffs Fantasie beim Kochen kennt keine Grenzen.

Neben dem Kochen liebt Henriette Wulff das Reisen. Hier begibt sie sich auf die Suche nach neuen Aromen, lernt die landestypischen Küchen kennen und lässt sich bei Restaurantbesuchen, an Streetfood-Ständen oder bei Spaziergängen über lokale Märkte inspirieren.

Mehr Infos unter www.henriettewulff.de

# Über den Fotografen

Toby Wulff arbeitet seit 20 Jahren als erfolgreicher Fotograf und Filmemacher. Von seinem Standort in Berlin ist er in aller Welt unterwegs, um den richtigen Moment festzuhalten. Für seine Arbeiten wurde er mehrfach ausgezeichnet. Für seine Food-Fotografie unter anderem bei den »The Taste Awards«, die jährlich in Los Angeles verliehen werden. Außerdem ist Toby Wulff als erfolgreicher Produzent und Regisseur für Musikvideos, Reportagen, Event- und Imagefilme für internationale Künstler und Unternehmen tätig. Auch hier wurde er vielfach für seine Produktionen mit zahlreichen Preisen ausgezeichnet.

Mehr Infos unter www.tobywulff.com

# Dank

Ganz besonders bedanke ich mich bei meinen Freund:innen und meiner Familie, die mit mir rauschende, genussvolle, gemütliche, wilde, liebevolle, lustige und wunderbare Feste gefeiert haben.

Ein gigantisches Dankeschön an meinen allerallerbesten Ehemann Toby Wulff – fleißigster Testesser, engagiertester Unterstützer, geduldigster Arbeitskollege und großartigster Foodfotograf. Mit dir ist jeder Tag ein Fest!

Vielen lieben Dank an meine wunderbare Mama, größte Partyqueen, Gastgeberin und Köchin, für deine Unterstützung!

Herzlichen Dank an meine Tante und meine lieben Onkel für eure Unterstützung. Ihr seid die Besten!

Zu guter Letzt ein extradickes Dankeschön an meine fantastischen Leser:innen für euren Appetit auf meine Rezepte und Bücher!

# Impressum

Verantwortlich: Sonya Mayer
Texte, Rezepte & Foodstyling: Henriette Wulff
Fotografie: Toby Wulff
Redaktion der Rezepte: Susanne Cremer
Layout: Helen Garner
Umschlaggestaltung: Irina von Feury
Repro: LUDWIG:media
Korrektorat: Judith Bingel
Herstellung: Bettina Schippel

Gesamtherstellung: GeraNova Bruckmann Verlagshaus GmbH

Bildnachweis
Alle Fotografien des Umschlags und des Innenteils stammen von Toby Wulff.
Illustrationen: Hintergrund Cover: Adobe Stock/Glitter_Klo; Konfetti & Luftschlangen (links oben auf den Seiten): Shutterstock/Kobee; Illustration Kapitelaufmacher: Shutterstock/beio.

★★★★★

**Sind Sie mit diesem Titel zufrieden? Dann würden wir uns über Ihre Weiterempfehlung freuen.**

Erzählen Sie es im Freundeskreis, berichten Sie Ihrem Buchhändler oder bewerten Sie bei Onlinekauf. Und wenn Sie Kritik, Korrekturen, Aktualisierungen haben, freuen wir uns über Ihre Nachricht an: Christian Verlag, Postfach 40 02 09, D-80702 München oder per E-Mail an lektorat@verlagshaus.de

Unser komplettes Programm finden Sie unter:

www.christian-verlag.de



In diesem Buch wird aus Gründen der besseren Lesbarkeit das generische Maskulinum verwendet. Weibliche und anderweitige Geschlechteridentitäten werden dabei ausdrücklich mitgemeint, soweit es für die Aussage erforderlich ist.

Die Deutsche Nationalbibliothek verzeichnet diese Publikation in der Deutschen Nationalbibliografie; detaillierte bibliografische Daten sind im Internet über http://dnb.d-nb.de abrufbar.



ISBN 978-3-95961-659-1

# Ebenfalls erhältlich ...

ISBN 978-3-95961-523-5

ISBN 978-3-95961-091-9

ISBN 978-3-95961-407-8

ISBN 978-3-95961-193-0